Michael Moll

111 deutsche Campingplätze, die man kennen muss

111

emons:

Bibliografische Information der Deutschen Nationalbibliothek
Die Deutsche Nationalbibliothek verzeichnet diese Publikation in der Deutschen Nationalbibliografie; detaillierte bibliografische Daten sind im Internet über http://dnb.d-nb.de abrufbar.

MIX
Papier aus verantwortungsvollen Quellen
FSC® C083411
www.fsc.org

Layout: Eva Kraskes, nach einem Konzept von Lübbeke | Naumann | Thoben
Kartografie: altancicek.design, www.altancicek.de
Kartenbasisinformationen aus Openstreetmap,

Druck und Bindung: CPI – Clausen & Bosse, Leck
Printed in Germany 2019
ISBN 978-3-7408-0879-2
3. Auflage November 2019

Vorwort

Ein Wohnmobilstellplatz, der schon mal unter Wasser stehen kann? Ein Campingplatz mit Aussicht auf den höchsten Berg Deutschlands? Vielleicht darf es aber auch eine Übernachtung sein, wo Fulda und Werra sich küssen? Camping ist beliebt wie eh und je. Zu den klassischen Campingplätzen in Deutschland sind in den letzten Jahren vermehrt Wohnmobilstellplätze hinzugekommen. Und ein jeder dieser Plätze bietet etwas Besonderes. Manche präsentieren einen Leuchtturm – irgendwo im Binnenland. Andere wiederum befinden sich direkt am geografischen Mittelpunkt Deutschlands. Und ein anderer wird sogar vom Autor dieses Buches betrieben.

111 Wohnmobilstellplätze und Campingplätze, die man kennen muss, sind 111 Übernachtungsorte mit ganz unterschiedlichen Angeboten und Attraktionen. Verlassen Sie das Wohnmobil und betreten Sie nur fünf Meter entfernt den Liebesbankweg. Wandern können Sie natürlich auch auf dem legendären Calmont-Klettersteig. Der Campingplatz Am Feuerberg bietet dafür die anschließende Erholung. Erholung findet man in den vielen Orten, wo man sich in einem Kurpark oder einer Therme entspannen kann. Und für die kleinen Mitreisenden ist oftmals auch etwas im Angebot. Wie wäre es mit Ponyreiten? Natürlich direkt auf dem Stellplatz am Felixsee zum Beispiel. So vielfältig wie unser Land ist, so umfangreich ist das Angebot an verschiedenen Landschaften mit ihren Wohnmobilstellplätzen und Campingplätzen. Wir wünschen Ihnen viel Freude bei der Entdeckung dieser Übernachtungsplätze, die allesamt eine besondere Geschichte zu erzählen haben.

111 deutsche Campingplätze

1 Wohnmobilstellplatz Brokdorf

Strahlende Aussichten

In der Natur der Sache liegt es, dass Reiseführer altern und eines Tages nicht mehr aktuell sind. Denn Autoren, Verlage und Leser können natürlich nicht in die Zukunft blicken und wissen, wie ein Strand in fünf Jahren aussehen wird oder ob das angepriesene Hotel dann überhaupt noch existiert. Anders jedoch in diesem Fall. Ganz offiziell gibt der Autor zu, dass der Text auf dieser Seite am 1. Januar 2022 nicht mehr aktuell sein wird. Die Beschreibung hat ein Mindesthaltbarkeitsdatum. Obwohl auch das nicht sicher ist, wenn man auf die Ereignisse der letzten Jahre zurückblickt.

Die Rede ist vom Atomausstieg und dem damit verbundenen Ende des Kernkraftwerks in Brokdorf. Es ist eine ungewöhnliche Aussicht, die man auf dem Wohnmobilstellplatz Brokdorf erlebt. Keine zweieinhalb Kilometer entfernt erheben sich die Kühltürme des Atomkraftwerks und mögen den einen oder anderen Camper verunsichern. Doch keine Sorge, bei einer Havarie ist man auf einem anderen Stellplatz in der Region nicht zwangsläufig besser aufgehoben, nur weil man das Bauwerk von dort nicht sieht. Also kann man auch gleich bleiben. Der Wohnmobilstellplatz ist überschaubar und nicht viel größer als ein handelsüblicher Supermarktparkplatz. Die Bezahlung erfolgt auf Vertrauensbasis mittels Briefumschlag, was den Platz gleich sympathisch erscheinen lässt. Und den Blick auf die Elbe kann man ebenfalls genießen. Zwar nicht direkt vom Wohnmobil aus, aber nach nur wenigen Schritten hinauf auf den Elbdeich. Dort teilt man sich den Blick auf die großen Container- und Kreuzfahrtschiffe mit den Schafen, die hier völlig entspannt grasen. Mutierte Veränderungen an den Tieren sucht man übrigens vergeblich, zum Glück.

Zugegeben, der Anblick eines Atomkraftwerks von einem Wohnmobilstellplatz aus ist sehr ungewöhnlich. Doch bietet der Platz eine wirklich ruhige Nacht inklusive Spaziergang entlang der Elbe.

Adresse Dorfstraße 53/54, 25576 Brokdorf, www.brokdorf-elbe.de, Koordinaten: 53.864555, 9.316755 | Einkaufsmöglichkeiten fußläufig auf der anderen Seite der Bundesstraße | Anfahrt A 23, Ausfahrt Itzehoe, weiter auf der B 5 bis Wilster, von dort über kleinere Landstraßen der Beschilderung nach Brokdorf folgen | Saison ganzjährig | Kurz und knapp Kleiner Wohnmobilstellplatz mit Toilettenanlage und einer Dusche in ruhiger Lage, rund 30 Stellflächen mit Strom, Ver- und Entsorgung. Die Bezahlung erfolgt über Geldeinwurf im Briefumschlag.

2 Wohnmobilstellplatz am Halbmond

Stellplatz mit Dach

Friedrichstadt in Schleswig-Holstein ist ohnehin schon eine Reise wert. Das kleine Holländerstädtchen mit seinen schönen Grachten und den rechtwinklig angelegten Gassen lädt nicht nur zum Spazieren ein, sondern auch zu einer Bootsfahrt auf den Wassergräben zwischen Treene und Eider. Und der Wohnmobilstellplatz ist etwas Besonderes. Fußläufig von der Altstadt entfernt, fährt man mit dem Wohnmobil zunächst zur Einfahrt und zieht eine Parkkarte an der Schranke.

Hat sich diese geöffnet, offenbart sich ein großzügig angelegter Platz, und man stellt fest, dass das Parkticket den Zugang zu allen Einrichtungen ermöglicht. Die Sanitäreinrichtungen sind genauso einfach zugänglich wie die Anmeldung. Letztere besteht aus einem kleinen Aufenthaltsraum mit einem öffentlichen Bücherschrank und zahlreichen Informationen über die Region. Außerdem findet man hier einen Kassenautomaten, an dem man alle kostenpflichtigen Einrichtungen problemlos bezahlt. Eine einfache Bedienung steuert den Benutzer durch das Menü und ermöglicht einen technisch hochmodernen Aufenthalt.

Ein Highlight des Wohnmobilstellplatzes in Friedrichstadt ist jedoch die Ver- und Entsorgungsstation. Sie ist praktischerweise so angelegt, dass man beim Verlassen des Platzes an ihr vorbeikommt. So kann man bei der Abreise Grauwasser ablassen und den Inhalt der Chemietoilette entsorgen. Aber man kennt das: Diese Prozedur kann unter Umständen 15 Minuten dauern, bis der eine Tank voll, der andere leer ist. Und dazwischen hantiert man mit den Schläuchen rum. Bei Regenwetter ist das eine lästige Angelegenheit. Nicht so auf diesem Stellplatz, denn die Ver- und Entsorgungsstation ist hier komplett überdacht. Man fährt vorwärts unter das Dach und auch vorwärts wieder aus der Station raus. Eine trockene und saubere Angelegenheit, dazu noch topmodern – Friedrichstadt ist Vorreiter in Sachen Entsorgungsstation.

Adresse Halbmond 5, 25840 Friedrichstadt, Tel. 04881/937048, www.wohnmobilstellplatz-friedrichstadt.de, Koordinaten: 54.371937, 9.087833 | **Einkaufsmöglichkeiten** 300 Meter bis zur Altstadt | **Besondere Angebote** Festzelt für Veranstaltungen, Gasflaschenverkauf, Kräuter- und Teehochbeete | **Anfahrt** A 23 bis zum Ende bei Heide, weiter über die B 5 und 202 bis Friedrichstadt. Der Platz befindet sich auf der rechten Seite, gleich gegenüber der Altstadt. | **Saison** ganzjährig | **Kurz und knapp** 45 Stellflächen auf Schotter rund um eine große Wiese. Großzügig angelegt und sehr modern ausgestattet (mit WC und Duschen). Sämtliche Einrichtungen werden mittels scheckkartenähnlicher Parkkarte bezahlt.

3 Campingplatz Kampen

Er ist der nördlichste

Campen in Kampen – allein dieses kleine Wortspiel lädt ja schon regelrecht dazu ein, diesen Campingplatz aufzusuchen. Kampen liegt bekanntlich auf der Insel der Reichen und Schönen Deutschlands – auf Sylt. Sylt ist wiederum die nördlichste Insel des Landes. Bei diesem Campingplatz gibt es also nicht nur ein Wortspiel, sondern auch die Möglichkeit, auf dem nördlichsten Campingplatz Deutschlands zu übernachten. Er ist so weit nördlich, dass sogar die dänischen Ortschaften Tondern und Sonderburg, ja sogar große Teile der dänischen Insel Falster südlicher liegen. Damit liegt der Campingplatz Kampen immerhin auf gleicher Höhe wie der südliche Teil Skandinaviens.

Eine weitere Besonderheit ist in diesem Zusammenhang, dass man den nördlichsten Campingplatz Deutschlands seit einigen Jahren nur von Norden erreichen kann. Man muss also tatsächlich erst nach Dänemark, um in Kampen zu campen. Zumindest, wenn man mit einem größeren Wohnmobil unterwegs ist. Das gilt freilich für alle Campingplätze auf Sylt. Denn die Insel ist über den Hindenburgdamm mit dem Festland verbunden. Statt Autos fährt auf dem Damm lediglich ein Autozug. Dieser nimmt mittlerweile aber keine größeren Wohnmobile mehr mit, seitdem einige von ihnen während der Überfahrt Teile des Aufbaus verloren hatten. Keine große Sache, meistens waren es Kunststofffenster beziehungsweise Dachluken.

Aber dadurch ist man gezwungen, auf dem Festland erst nach Dänemark zu reisen und von der Nachbarinsel Rømø aus mit der Fähre nach List zu fahren. Von dort aus steuert man das Wohnmobil in wenigen Fahrminuten in Richtung Süden zum nördlichsten Campingplatz Deutschlands mit herrlicher Lage zwischen den Dünen der Nordseeküste und dem Ort Kampen. Übrigens, der nächstgelegene Campingplatz ist nur 400 Meter entfernt, liegt aber eben einfach südlicher.

Adresse Möwenweg 4, 25999 Kampen (Sylt), Tel. 04651/42086, www.campen-in-kampen.de, Koordinaten: 54.950205, 8.335999 | **Einkaufsmöglichkeiten** Lebensmittelkiosk | **Anfahrt** Derzeit mit größeren Wohnmobilen nur über die Fähre ab der dänischen Insel Rømø aus möglich, vom Hafen in List schließlich über die Lister Straße nach Kampen. Sehr kleine Wohnmobile wie VW-Busse werden weiterhin auf dem Autozug der Deutschen Bahn mitgenommen. Die Abfahrt beginnt in Niebüll. | **Saison** Mitte März–Ende Okt. | **Kurz und knapp** Klassischer Campingplatz in toller Lage direkt an den Dünen am sogenannten Roten Kliff.

4 Camping Mitte

Abgelegen und dennoch zentral

Mit dem Campingplatz in Medelby könnte man beinahe ein wenig Mitleid haben. Er befindet sich gerade einmal fünf Kilometer von der deutsch-dänischen Grenze entfernt, also weit oben im hohen Norden des Landes. Doch der nördlichste Campingplatz ist er nicht, wie der Campingplatz Kampen auf Sylt hier im Buch (siehe Kapitel 3) beweist.

Außerdem liegt er nicht direkt am Meer, obwohl Schleswig-Holstein das einzige Bundesland mit Küsten an Nord- und Ostsee ist. In einer Region, in der man sich als Urlauber meist Meeresanschluss wünscht, ist das schon eine Bürde für einen Campingplatz. Doch ganz so schlimm ist es dann doch nicht, ganz im Gegenteil. Diese Lage bietet auch Vorteile. So ist die Ostsee in Form der Flensburger Förde nur 18 Kilometer Luftlinie entfernt. Wer also zur Ostsee oder nach Flensburg möchte, kann dies mit einer kurzen Radtour kombinieren.

In die andere Richtung, nämlich zur Nordsee, wo man den Blick auf die Inseln Föhr und Sylt genießen kann und wo man auch das Wattenmeer erlebt, sind es zwar einige Kilometer mehr. Doch diese Strecke ist mit einer Tagestour auf dem Rad gut zurückzulegen. Gleiches gilt im Übrigen für den Wunsch, kleine dänische Ortschaften wie Tondern zu erkunden. Das alles lässt sich von diesem Campingplatz aus wunderbar bewerkstelligen, und daher ist der Name des Platzes mehr als passend: Camping Mitte. Doch ein Blick in die Geschichte lässt ahnen, dass es der Platz nicht leicht hatte. 2006 wurde er von einem einheimischen Paar gebaut, drei Jahre später bereits an einen Franzosen verkauft, und wiederum ein Jahr später ging der Platz an das heutige Betreiberpärchen aus Dänemark, Anette und Hans Lund. Sie verkauften die Anlage an einen anderen Campingplatz und wurden zu Pächtern. Von ihnen wird man als Gast in gewohnt dänischer und damit »hyggeliger« Weise empfangen. Viel Spaß auf dem abgelegenen, aber zentralen Campingplatz.

Adresse Sonnenhügel 1, 24994 Medelby, Tel. 04605/189391, www.camping-mitte.de, Koordinaten: 54.814168, 9.163514 | Einkaufsmöglichkeiten Kiosk am Platz | Anfahrt A 7, Ausfahrt 2 (Flensburg/Harrislee), weiter über die B 199 bis Wallsbüll und von dort über eine kleinere Landstraße nach Medelby. Der Platz befindet sich am westlichen Ortsrand. | Saison ganzjährig | Kurz und knapp Lang gestreckter Campingplatz, umgeben von Feldern, mit eigener Schwimmhalle und vier verschiedenen Saunen, ansonsten klassische Ausstattung mit großzügig bemessenen Parzellen.

5 Wohnmobilstellplatz am Kanal-Café

Auf drei Etagen

Einer der jüngsten Stellplätze in diesem Buch ist der Wohnmobilstellplatz in Rendsburg. Hier hat man sich vieles von anderen Stellplätzen abgeschaut und zum Teil vernünftig umgesetzt. Denn was macht man, wenn man einen Stellplatz an einem Kanalufer errichten und dabei allen Gästen auf dem Platz einen tollen Ausblick ermöglichen will? Man legt ihn ganz einfach terrassenförmig an. Drei Fahrzeugreihen hintereinander steigen ein wenig an, sodass man auch in der dritten und letzten Reihe noch einen halbwegs guten Blick vom Wohnmobil auf den Kanal hat. Hier hat man gegenüber dem nahe gelegenen Stellplatz in Schacht-Audorf klar die Augen höher.

Außerdem hat man anscheinend auch auf den 40 Kilometer entfernten Wohnmobilstellplatz in Friedrichstadt (siehe Kapitel 2) geschielt. Denn die Einmaligkeit einer überdachten Ver- und Entsorgungsstation in Friedrichstadt ist mit dem Bau dieses neuen Platzes dahin. Allerdings hat Friedrichstadt weiterhin die schönere Dachkonstruktion. Die Besonderheiten rund um den Platz in Rendsburg mussten jedoch nicht gebaut werden. Die waren schon vorher da.

Dazu zählt zum Beispiel der Fußgängertunnel unter dem Nord-Ostsee-Kanal in nur 300 Metern Entfernung. Damit kommt man sehr schnell und einfach ins Stadtzentrum von Rendsburg. In die andere Richtung geht es vom Stellplatz aus zur berühmten Rendsburger Hochbrücke. Hier kann man nicht nur den Schiffen auf dem Kanal zusehen, sondern auch mit der Schwebefähre den Weg kreuzen und sich an das nördliche Ufer bringen lassen.

Ein besonderes Bonbon des Platzes ist das benachbarte Kanal-Café, von dem aus man ebenfalls einen tollen Blick auf Kanal und Hochbrücke hat. Außerdem bietet es ein umfangreiches Frühstück. So kann man morgens von jeder Etage des Platzes aus die wenigen Meter hinüber zum Café spazieren und den Tag mit Genuss starten.

Adresse Am Kamp-Kanal 1, 24783 Osterrönfeld, www.wohnmobilhafen-nok.de, Koordinaten: 54.290004, 9.669723 | Einkaufsmöglichkeiten Zentrum einen Kilometer entfernt | Besondere Angebote Brötchen- und Gasflaschenservice, Snackbar | Anfahrt A 7 bis zum Kreuz Rendsburg, weiter über die A 210 und B 202 nach Osterrönfeld und in Richtung Hafen fahren | Saison ganzjährig | Kurz und knapp Zum Teil etwas enge Stellflächen, aber jede einzelne ermöglicht durch die terrassenförmige Anlage einen Blick auf den Nord-Ostsee-Kanal und damit auf die vorüberziehenden Schiffe; überdachte Entsorgungsstation sowie modernes Sanitärgebäude.

6 Wohnmobilpark Schacht-Audorf

Schiffe gucken am Kanal

Schiffe gucken – ein beliebter Sport unter Wohnmobilfahrern. Gemeint sind dabei nicht die sogenannten Dickschiffe, als die sehr große Wohnmobile bezeichnet werden. Obwohl es sicherlich einige Wohnmobilisten gibt, die je nach Einstellung neidisch oder verächtlich zu ihren Stellplatznachbarn schauen, wenn diese ihr Luxusgefährt einparken. Sie sind zwar oft sehr groß, aber schwimmen können sie meistens nicht. Wenn, dann nur kurz, bevor es in ein Tauchen übergeht. Daher sind beim klassischen Womo-Sport »Schiffe gucken« echte Schiffe gemeint. Bei der Ausübung dieser Freizeitaktivität sitzt man bei schönem Wetter vor dem Wohnmobil im Campingstuhl oder, wenn es regnet, hinter der Windschutzscheibe.

Und dann wird beobachtet, wie ein Schiff nach dem anderen mit nur wenigen Metern Abstand an einem vorüberzieht. Die Bandbreite reicht von kleinen Privatyachten über Containerschiffe und Öltanker bis hin zu den Kreuzfahrtschiffen. Letztere sind natürlich besonders begehrt, weil man hier in der Regel eine Reaktion erhält, wenn man es mit der Sportart übertreibt und sie noch mit einem Winken ergänzt.

Ein beliebtes Betätigungsfeld für diese Randsportart ist der Nord-Ostsee-Kanal. Mittlerweile gibt es am Ufer des Kanals mehrere Wohnmobilstellplätze, gleich so, als wolle man gegeneinander antreten. Einer dieser Stellplätze befindet sich bei Rendsburg unweit der dortigen Hochbrücke, die sich über den Kanal spannt. In zwei Reihen steht man hier auf schotterigem Boden am Südufer des Nord-Ostsee-Kanals, liebevoll auch nur NOK genannt. Wer in der ersten Reihe steht, der hat den direkten Blick auf die vorbeifahrenden Schiffe. Und die großen Pötte, wie man die Schiffe fachmännisch bezeichnet, ziehen langsam von Ost nach West oder umgekehrt. Diesen Sport sollte man auf jeden Fall mal ausprobiert haben – ob in Schacht-Audorf, in Schachtholm oder am Kanal-Café. Möglichkeiten gibt es genug.

Adresse An der K 76, 24790 Schacht-Audorf, www.wohnmobilpark-sad.de, Tel. 04331/84710, Koordinaten: 54.305828, 9.712119 | **Einkaufsmöglichkeiten** Supermarkt in Schacht-Audorf, einfach am Kanal entlang | **Anfahrt** A 7 bis zum Kreuz Rendsburg, weiter über A 210 bis Ausfahrt Schacht-Audorf und rechts abbiegen bis zum Stellplatz am Kanal | **Saison** ganzjährig | **Kurz und knapp** 41 Stellflächen inklusive Strom sowie Ver- und Entsorgung, WLAN und ein kleines Sanitärgebäude sind vorhanden. Die maximale Aufenthaltsdauer beträgt drei Tage, damit auch andere Womo-Fahrer eine Chance zum »Schiffegucken« haben.

7_Wohnmobilstellplatz Reußenköge

Alles läuft auf Vertrauensbasis

An der deutschen Nordseeküste einen ruhigen, abgeschiedenen Ort zum Übernachten zu finden ist nicht immer leicht. Hat man aber erst einmal die Bundesstraße 5 bei Struckum, nördlich von Husum, verlassen, dann spürt man sehr schnell, wie ruhig und einsam es des Nachts werden wird. Die Fahrt verläuft auf gut ausgebauten und dennoch kleinen Straßen durch die Weite der Marschlandschaft. Unterbrochen wird der Blick zum Horizont nur durch die Windräder, die sich gemächlich drehen.

Dazu passt der kleine Wohnmobilstellplatz am Amsinck-Haus beim Sönke-Nissen-Koog. Eigentlich besteht er nur aus einem breiten Schotterstreifen, auf dem rund zehn Wohnmobile Platz finden. Durch diese Abgeschiedenheit ist er aber selten voll belegt. Der Blick auf das Meer ist durch einen Deich versperrt. Die Bezahlung funktioniert mehr oder weniger auf Vertrauensbasis. In einem kleinen Holzunterstand nimmt man sich einen der bereitgestellten Briefumschläge. Man steckt das Geld hinein und lässt den gefüllten Umschlag zurück.

Nur wenn das benachbarte Amsinck-Haus geöffnet hat, bezahlt man dort. Im Gebäude ist ein Informationszentrum untergebracht, das die Natur und Kultur der hiesigen Marschlandschaft erläutert. Ein Highlight ist die vorgelagerte Hamburger Hallig. Über einen fast vier Kilometer langen Weg durch die Salzwiesen erreicht man das kleine Eiland entweder zu Fuß oder mit dem Fahrrad. Zwischendurch macht man noch Station an der NABU-Schutzstation. Hat man kein eigenes Zweirad dabei, leiht man sich einfach eines am Ansinck-Haus. Außerhalb der Öffnungszeiten auch wieder einmal auf Vertrauensbasis. So kann man am Abend die Vogelwelt beobachten oder die Schafe zählen, bevor in dieser absolut ruhigen Umgebung fernab jeglicher Schnellstraße die Stille der Nacht hereinbricht.

Adresse Sönke-Nissen-Koog 36a, 25821 Reußenköge, Koordinaten: 54.615379, 8.871074 | **Einkaufsmöglichkeiten** zehn Kilometer entfernt | **Anfahrt** B 5 bis Struckum oder Bredstedt, weiter auf kleinen Nebenstraßen der Beschilderung zum Amsinck-Haus folgen | **Saison** circa Mitte April – Ende Okt. | **Kurz und knapp** Knapp zehn Stellflächen für Reisemobile auf Schotter und Rasen, toller Ausgangspunkt für die Hamburger Hallig, viel Ruhe.

8 Camping-Ferienpark California

Reitstunden am kalifornischen Strand

Es ist ein tolles, beinahe erhabenes Gefühl, wenn man am frühen Morgen von seiner Joggingrunde am kalifornischen Strand zurückkommt und dabei beim Frühsport die Sonne beobachten konnte, wie sie am Horizont scheinbar aus dem Wasser zu steigen scheint. Doch Moment, der amerikanische Bundesstaat Kalifornien befindet sich an der Ostküste der USA. Dort kann man allenfalls sehen, wie die Sonne am Abend im Meer versinkt. Denn auch jenseits des Atlantiks geht die Sonne im Osten auf. Demnach wäre der Einleitungssatz in den Bereich der Fake News einzuordnen. Außer man spricht von Kalifornien an der Ostsee. Dabei handelt es sich um den gleichnamigen Ortsteil von Schönberg in Holstein. Einst wurde hier ein Schiffswrack namens California an die Küste gespült, wovon sich der Name ableitet.

Heute umfasst es einen Strandabschnitt inklusive Ferienpark, Apartments, Ferienhäusern, Einkehrmöglichkeiten und einem Naturfreundehaus. Dass der Lebensmittelhändler von Kalifornien den Namen »Alpen« trägt und es Straßennamen wie Stettiner Weg und Pommernweg gibt, soll uns nicht verwundern. Vermutlich möchte man sich international breit aufstellen.

Der Campingplatz ganz im Westen von Kalifornien ist wenige Meter vom feinen Sandstrand entfernt. Nur am Minigolfplatz vorbei, über den Deich, und schon blickt man auf das weite Wasser der Ostsee. Bei schlechtem Wetter, was es in der deutschen Version von Kalifornien auch mal geben soll, bietet der Campingplatz Alternativen. Die Tischtennisplatten sind überdacht, und im Hauptgebäude steht eine Kegelbahn zur Verfügung. Außerdem besteht die Möglichkeit, auf der hauseigenen Reitbahn eine Runde hoch zu Ross zu drehen, während die kleinen Campinggäste auf Ponys über den Ponyweg reiten. Und wer Lust hat, macht einen Strandspaziergang nach Brasilien. Denn so heißt der benachbarte Ortsteil, gleich neben Kalifornien.

Adresse Große Heide 26, 24217 Schönberg, Tel. 04344/9591, www.camping-california.de, Koordinaten: 54.429620, 10.362186 | **Einkaufsmöglichkeiten** Laden auf dem Platz | **Besondere Angebote** Restaurant, Imbiss, Gasflaschentausch, Minigolf, Mietunterkünfte, (Pony-)Reiten | **Anfahrt** ab Kiel über die B 502 bis Wisch, hinter Wisch im Kreisverkehr die 3. Ausfahrt nehmen und geradewegs nach Kalifornien fahren | **Saison** circa März–Sept., bitte Homepage beachten | **Kurz und knapp** Standardmäßige Ausstattung, direkt am Strand gelegen, wo man den Schiffsverkehr in die Kieler Bucht hinein beobachten kann.

9__Camping in St. Peter-Ording

Wo man mit dem Womo auf den Strand fährt

In St. Peter-Ording hat man eine große Auswahl an Campingplätzen und Wohnmobilstellplätzen. Stellplätze gibt es gleich zwei am Ortsrand. Campingplätze sind es drei an der Zahl im Süden der Stadt, direkt am Strand gelegen. Auch an der nördlichen Spitze von St. Peter-Ording bieten zwei Campingplätze Übernachtungen an. Sie alle sind in Sachen Ausstattung und Art natürlich ähnlich, aber einen von ihnen sollte man auf jeden Fall mal aufgesucht haben. Und dann sollte man auf der reservierten und bezahlten Parzelle seinen Campingtisch stehen lassen, um den Platz mit dem Wohnmobil wieder zu verlassen.

Denn St. Peter-Ording ist der einzige Ort in Deutschland, an dem man mit seinem eigenen Fahrzeug auf den Strand fahren kann, auch und gerade mit dem Wohnmobil. Am nördlichen Strandabschnitt sind es über 800 Meter in Nord-Süd-Ausdehnung, wo man immer einen Parkplatz finden wird. Die sandige Fläche ist dermaßen groß, und es gibt logischerweise keine Markierungen, sodass man einfach gerade dort, wo man möchte, anhält und sein Wohnmobil stehen lässt. Mit dem Verlassen des Womos steht man unmittelbar im Sand, und man blickt auf das Wasser der Nordsee. Die Zufahrt befindet sich nur 200 Meter vom Campingplatz Biehl entfernt.

Im Süden von St. Peter-Ording existiert ein weiterer Strandabschnitt, der mit dem Fahrzeug befahren werden kann. Die dortige Zufahrt zum Parkplatz Böhl ist nur wenige Meter von den drei benachbarten Campingplätzen Rönkendorf, Silbermöwe und Rosen-Camp entfernt.

Das Befahren der Strände ist von Mitte März bis Ende Oktober in der Zeit von 7.30 bis 22.30 Uhr möglich und kostet sechs Euro pro Tag (Stand 2019). Das Übernachten am Strand ist natürlich verboten, aber dafür gibt es ja die große Auswahl an nahe gelegenen Camping- und Stellplätzen.

Adresse Campingplatz Biehl (beispielhaft), Utholmer Straße 1, 25826 St. Peter-Ording, Tel. 04863/96010, www.campingplatz-biehl.de, Koordinaten: 54.336207, 8.604234 | **Einkaufsmöglichkeiten** Laden am Platz | **Besondere Angebote** Brötchenservice | **Anfahrt** A 23 bis zum Ende bei Heide und weiter über die B 5 und 202 bis St. Peter-Ording | **Saison** 15. März–31. Okt. | **Kurz und knapp** Der Campingplatz Biehl verfügt neben den Zeltplätzen und Plätzen für Dauercamper auch über 16 Wohnmobilstellplätze. Die anderen Campingplätze im Ort bieten eine ähnliche Standardausstattung und sind ebenfalls strandnah.

10_Wohnmobilstellplatz Föhr

Anreise mit der Fähre

Einer der Unterschiede zwischen Camping- und Wohnmobilstellplatz besteht in der Anreise, die beim Stellplatz in der Regel rund um die Uhr erfolgen kann. Im Gegensatz zu einem Campingplatz ist man flexibler und kann viel spontaner entscheiden. Doch es existiert mindestens ein Wohnmobilstellplatz in Deutschland, wo diese Aussage nicht ganz zutreffend ist. Das liegt aber weniger am Platz als an der Lage. Der Wohnmobilstellplatz bei Utersum ist nur mit der Fähre zu erreichen, denn Utersum liegt auf der nordfriesischen Insel Föhr. Insofern endet die spontane Anreise auf dem Festland bei Dagebüll, wo man zunächst ein Ticket für das Schiff erwerben muss. Bei kaum einem anderen Stellplatz ist es notwendig, sich vorher Gedanken über die Anreise und die damit verbundenen Fahrzeiten zu machen.

Hat man schließlich die acht Kilometer lange Fährfahrt hinter sich gebracht, dann legt das Schiff in Wyk auf Föhr an, und es heißt wieder selbst steuern. Während Wyk als Inselhauptstadt im Osten des Eilands liegt, befinden sich Utersum und der Wohnmobilstellplatz an der Westküste. Von dort genießt man tolle Ausblicke auf den nördlichsten Punkt von Amrum und auf die südlichste Spitze von Sylt. Genau dazwischen schaut man auf die offene Nordsee.

Der Platz wurde im Jahr 2015 von Jan und Jenny Sörensen geplant und gebaut, die gleich nebenan in einem alten Hofladen bereits Ferienwohnungen anboten. Und bis zum Strand sind es nur 250 Meter. Was kann man sich also mehr wünschen? Was die Fähre betrifft: Die fährt in den Sommermonaten tagsüber ungefähr im Stundentakt, selbst im Winter gibt es bis zu elf Abfahrten pro Tag. Nach rund 50 Minuten hat man die Insel erreicht. Für eine spontane Tour reicht das also immer noch aus. Allerdings sollte man im Vorfeld beim Stellplatz anrufen. Denn falls der Platz voll ist, gibt es auf der Insel keine Alternative.

Adresse Strunwai 14, 25938 Utersum, Tel. 04683/214, www.wohnmobile-foehr.de, Koordinaten: 54.715960, 8.401277 | **Einkaufsmöglichkeiten** zu Fuß erreichbar | **Anfahrt** über die B 5 und kleinere Landstraßen nach Dagebüll, dort auf die Fähre, Infos über die Fahrpläne der Wyker Dampfschiffs-Reederei gibt es im Netz unter www.faehre.de | **Saison** jährliche Winterpause, bitte Homepage beachten | **Kurz und knapp** Geräumige Stellflächen für rund 60 Fahrzeuge, Strom sowie Ver- und Entsorgung vorhanden. In einem dazugehörigen Wirtschaftsgebäude sind Sanitäranlagen sowie eine Küche, Waschmaschine und Trockner untergebracht.

11 Campingplatz Baasner

Der wohl kleinste Campingplatz Deutschlands

Fassen wir uns, passend zum Thema, kurz: Der vermutlich kleinste Campingplatz Deutschlands hat fünf Stellflächen. In Ziffern sind das 5. Nicht mehr und nicht weniger. Es gibt natürlich Reisemobilstellplätze, die weniger Platz anbieten. Das sind dann aber in der Regel einfache Übernachtungsplätze ohne größere Ausstattung, die von einer Gemeindeverwaltung erstellt wurden und letztendlich nur dazu dienen, die mit dem Wohnmobil anreisenden Besucher zielgerichtet auf bestimmte Parkplätze zu lotsen.

Der Campingplatz Baasner an der schleswig-holsteinischen Nordseeküste ist nicht einfach nur ein Übernachtungsplatz ohne Komfort, sondern ein vollwertiger Campingplatz. Hier sind nicht nur Wohnmobile gerne gesehen, sondern auch Camper mit einem Wohnanhänger und Zelttouristen, die zum Beispiel mit dem Fahrrad auf der North Sea Cycle Route die Küste entlangradeln. Die fünf Stellflächen befinden sich auf einer gepflegten Wiese hinter dem Wohnhaus des Eigners und sind alle mit einer hohen Hecke voneinander abgetrennt.

Nach hinten raus blickt man auf einen kleinen See, wo sich gleich am anderen Ufer der nächstgelegene Campingplatz befindet. Da will man aber gar nicht hin, wenn man bei Familie Baasner untergekommen ist. Auch die sauberen und gepflegten Sanitäranlagen können sich sehen lassen und wären als Vorbild für andere, größere Campingplätze geeignet. Und das, obwohl es sich um den wohl kleinsten Campingplatz Deutschlands handelt. Aber vielleicht auch gerade deswegen.

Nur 250 Meter vom Platz entfernt steht man zudem auf dem Deich und blickt wahlweise auf das Wasser der Nordsee oder auf den schmatzenden Schlick des Wattenmeeres. Die Familie Baasner, die sich natürlich höchstpersönlich um ihre Gäste kümmert, hat hiermit ein wahres Kleinod zwischen zahlreichen anderen Campingplätzen in der Region rund um Büsum geschaffen.

Adresse Neuenkoog 4, 25761 Westerdeichstrich / Stinteck, Tel. 04834/984608, www.campingplatz-baasner.de, Koordinaten: 54.154983, 8.826120 | **Einkaufsmöglichkeiten** nach kurzer Radeltour am Deich entlang bis Büsum | **Anfahrt** A 23 bis Heide-West und über die B 203 weiter in Richtung Büsum und auf kleineren Landstraßen bis zum nördlich gelegenen Nachbarort Westerdeichstrich | **Saison** Winterpause, bitte Homepage beachten | **Kurz und knapp** Der wohl kleinste Campingplatz Deutschlands bietet fünf mit Hecken abgetrennte Stellflächen auf Rasen. Strom, Wasser, Sanitär und WLAN sind vorhanden. Verzichten muss man auf typische Einrichtungen großer Campinganlagen wie zum Beispiel Kiosk, Hüpfburg und ähnliche Dinge.

12_Wohnmobilstellplatz an der Sole-Therme

Hoch hinaus im Harz

Am Wohnmobilstellplatz in Bad Harzburg geht es hoch hinaus. Das liegt weniger an der Lage im Harz, denn Bad Harzburg und der Stellplatz befinden sich geografisch am nördlichen Harzrand, also eher am sanften Übergang vom Harzvorland in den deutlich höher gelegenen Hochharz. Doch in wenigen Schritten hat man vom Wohnmobilstellplatz aus den Zugang zum Baumwipfelpfad erreicht und wandert dabei in luftigen Höhen. Alternativ kann man mit der angrenzenden Seilbahn das Gipfelplateau des Burgbergs erreichen. Rauf geht es in jedem Fall. Das gilt allerdings auch für die Bundesstraße, die direkt neben dem Stellplatz verläuft. Gleich zwei Spuren steigen deutlich an, damit der Verkehr die Höhenlagen im Harz erreichen kann. Zugegebenermaßen bringt das dann schon mal eine gewisse Geräuschkulisse mit sich, wenn ein Lkw sich bemüht, in Richtung Braunlage zu fahren.

Ansonsten ist der Stellplatz aber schön gelegen. Nach wenigen Gehminuten hat man das Zentrum des Kurortes erreicht und kann dort in aller Seelenruhe durch die gemütliche Fußgängerzone flanieren. Gleich gegenüber der Wandelhalle befindet sich die Spielbank, in der man – getreu dem Motto »Die Bank gewinnt immer« – sein Geld abgeben kann. Sinnvoller angelegt ist es als Eintritt für die Sole-Therme, die sich gleich neben dem Stellplatz befindet. Oder eben für einen kostenpflichtigen Spaziergang auf dem Baumwipfelpfad. Dieser ist rund 700 Meter lang und verläuft in rund 22 Metern Höhe zwischen den Baumkronen des Harzes. Weitere 300 Meter spaziert man stets im Kreis spiralförmig bergauf, um die obere Plattform des Aussichtsturmes zu erreichen. Zahlreiche Lehr- und Spielstationen begleiten den Besucher auf dem Baumwipfelpfad. Und am Ende wandert man entweder ebenerdig wieder zurück zum Stellplatz oder folgt dem steilen Pfad hinauf zum Burgberg. Hoch hinaus geht es am Stellplatz in Bad Harzburg eben immer.

Adresse Nordhäuser Straße 10, 38667 Bad Harzburg, Tel. 05322/75330, www.wohnmobilstellplatz-bad-harzburg.de, Koordinaten: 51.868921, 10.558453 | Einkaufsmöglichkeiten Zentrum fußläufig erreichbar, Tankstelle gegenüber | Besondere Angebote Brötchenservice | Anfahrt B 4 ab Braunlage oder aus nördlicher Richtung von Goslar über die B 6 und B 4 bis zum Südrand von Bad Harzburg. Der Platz befindet sich auf der westlichen Seite der Bundesstraße. | Saison ganzjährig | Kurz und knapp 40 Stellflächen für Wohnmobile auf befestigtem Untergrund, in der Hauptsaison kann der Platz um weitere 40 Plätze erweitert werden. Ein Teil der Gäste hat die Möglichkeit, um einen kleinen Teich herum zu parken. Ver- und Entsorgung ist gegeben, Gasflaschentausch möglich, Sanitäranlagen stehen gegen Gebühr zur Verfügung.

13 Reisemobilhafen in den Emmerauen

All-inclusive-Camping

Reist man in das Staatsbad Bad Pyrmont, so hat man auf dem dortigen Wohnmobilstellplatz im Süden der Stadt den Eindruck, es sei alles inklusive. Die Auflistung der Angebote, die im Preis enthalten sind, scheint kein Ende zu nehmen. Dieser liegt bei elf Euro (Stand: 2019), erhöht sich aber durch die anfallende Kurtaxe um 3,20 Euro für die erste und 2,30 Euro für jede weitere mitreisende Person. Zugegeben, 16,50 Euro für ein Pärchen sind eine stolze Summe auf einem klassischen Wohnmobilstellplatz. Doch werfen wir einen Blick auf die Details. WLAN und Entsorgung für das Grauwasser sollten eigentlich immer im Preis enthalten sein. Das ist jetzt noch nichts Besonderes. Der Eintritt in das Erlebnisbad »Pyrmonter Welle« aber schon, denn dieser ist dann kostenlos. Eine zeitliche Begrenzung gibt es nicht. Der letzte Einlass findet um 18.45 Uhr statt. Auch den Kurpark darf man betreten, immerhin hat man Kurtaxe bezahlt. In die Hufeland-Therme inklusive ihrer Saunalandschaft darf man als zahlender Wohnmobilist ebenfalls frei hinein, jedoch nur für eineinhalb Stunden.

Das Museum im Schloss, gleich hinter dem Erlebnisbad und nur 500 Meter Luftlinie vom Stellplatz entfernt, darf kostenfrei besichtigt werden. Wieder drei Euro gespart. Nicht zu vergessen wäre da noch die Runde Minigolf, die gespielt werden kann. Außerdem wird man Inhaber der Premium Clubcard mit weiteren kostenfreien Angeboten. Dazu zählt zum Beispiel der zweistündige Verleih eines E-Bikes und die Nutzung der Stadtbuslinien 61, 62 und 63.

Es wird einem also wirklich viel geboten. Und wem das nicht reicht, der hat immer noch den Blick auf den Fluss Emmer, der direkt am Stellplatz vorbeifließt. Bei Hochwasser breitet er sich manchmal auch auf dem Platz aus. Das sollte man vor einem Aufenthalt in Bad Pyrmont ebenfalls wissen. Aber dann ist die Unterbodenwäsche eben auch inklusive.

Adresse Hauptmann-Bölke-Straße, 31812 Bad Pyrmont, Tel. 05281/940511, www.rmh-emmerauen.de, Koordinaten: 51.979673, 9.252715 | **Einkaufsmöglichkeiten** im Ort, und das sieben Tage die Woche | **Besondere Angebote** barrierefreies WC in der Touristeninformation (6–22 Uhr), Café am Tierpark am Platz | **Anfahrt** B 1 beispielsweise ab Hameln, dann über die Hauptstraße in den Süden des Kurortes | **Saison** ganzjährig | **Kurz und knapp** 65 Stellflächen (davon 60 mit Strom), Ver- und Entsorgungsstation und zahlreiche Freizeitmöglichkeiten rund um den Platz. Der Stellplatz befindet sich im Hochwasserschutzgebiet und kann daher auch mal überflutet sein.

14__Campotel

Vom Krankenhaus zum Campingplatz

Bis zum modernen Campingplatz, der sich mit einem Kofferwort, bestehend aus Camping und Hotel, bezeichnet, kann es ein langer Weg sein. Das Campotel mitten im Herzen des Teutoburger Waldes hat diesen langen Weg hinter sich. Die Geschichte des Campingplatzes begann nämlich im vorletzten Kriegsjahr, als man 1944 ein Krankenhaus errichtete, das damals aus hölzernen Baracken bestand. Ursprünglich als Hospital für Notfälle und Katastrophen gebaut, wurde die Anlage nach dem Zweiten Weltkrieg erweitert. Die Problematik dieses Krankenhauses kann man auch heute noch erkennen, denn die 350 Meter lange Galerie, die den Campingplatz dominiert, beherbergte die Patientenräume. Sie forderte lange Wege vom Personal. Zwei weitere Krankenstationen lagen sogar außerhalb des Hauptgebäudes, und die Patienten wurden daher über Schotterpisten in ihre Zimmer befördert.

Mitte der 1960er Jahre zog das Waldkrankenhaus um, und die Anlage wurde zunächst von der Bundeswehr übernommen. Das Areal wurde für Feldübungen, die Galerie überwiegend als Lager genutzt. Im letzten Jahrzehnt des letzten Jahrhunderts zog die Bundeswehr aus, und der Weg war frei, um aus dem mächtigen Bauwerk den heutigen Campingplatz zu gestalten.

Beeindruckend ist auch heute noch das Gebäude, das halbkreisförmig angelegt wurde. Doch anstelle der Krankenzimmer sind mittlerweile zahlreiche Camping- und Wohlfühleinrichtungen darin untergebracht. Dazu zählen zum Beispiel die Gastronomie, die Saunalandschaft mit Whirlpool und Massagebereich, der Fitnessraum, ein Kosmetikstudio, Sportmöglichkeiten, die Hundedusche und natürlich, nicht zu vergessen, der Sanitärbereich und die Rezeption. Heute erholt man sich hier also nicht als Patient, sondern als Gast, und allein wegen dieser interessanten Geschichte des Geländes sollte man eine Übernachtung im ehemaligen Krankenhaus einplanen.

Adresse Heidland 65, 49214 Bad Rothenfelde, Tel. 05424/210600, www.campotel.de, Koordinaten: 52.098815, 8.173674 | **Einkaufsmöglichkeiten** Shop auf dem Platz | **Besondere Angebote** Hier gibt es einfach alles! | **Anfahrt** A 33, Ausfahrt Dissen / Bad Rothenfelde und in den Süden von Bad Rothenfelde fahren, weiter der Ausschilderung folgen | **Saison** ganzjährig | **Kurz und knapp** Großer Campingplatz mit allem erdenklichen Komfort. Vor der Galerie befindet sich ein Wohnmobilstellplatz, hinter dem Gebäude breitet sich der Campingplatz mit Mobilheimen, Dauerstellplätzen, Zeltwiese und Platz für Tagestouristen aus.

15__Wohnmobilstellplatz Harlesiel

Hier kommt die Flut

Es gibt nicht viele Orte in Deutschland, in denen man direkt an der Küste stehen kann. Und mit direkt ist wirklich direkt gemeint. Kein Deich, keine Schutzmauer, keine Straße, kein Radweg zwischen Wohnmobil und Salzwasser. Der Blick richtet sich durch das Wohnmobilfenster direkt auf das Meer. Wenn es denn da ist, denn die Rede ist von der Nordsee mit ihrem Weltnaturerbe Wattenmeer.

Im Wangerland mündet das kleine Flüsschen Harle bei Harlesiel in die Nordsee. Und genau dort befindet sich ein wunderbarer und beliebter Wohnmobilstellplatz. Zugegeben, er ist komplett asphaltiert. Das ist weniger schön. Es gibt auch keine Parzellen. Gras oder Sträucher schon mal gar nicht. Außerdem ist er in Spitzenzeiten so voll, dass man ziemlich dicht neben dem Nachbarn steht. Aber die Lage! Näher ans Wasser geht es einfach nicht. Sogar der Hafen von Harlesiel ist weiter vom Meer entfernt als der Stellplatz.

Was für ein Anblick, wenn das Fahrgastschiff nach Wangerooge wenige Meter vor dem Kühler des Wohnmobils auf das offene Meer zusteuert. Okay, man muss es mögen, wenn die Passagiere auf dem Weg zur Insel erkennen können, ob das Frühstücksbrötchen des Wohnmobilisten mit Erdbeer- oder Kirschmarmelade bestrichen ist. Aber die fahren ja schnell vorbei.

Wer bis hinten hin durchfährt und sich die letzten Plätze auf dem spitz zulaufenden Areal ergattert, der kann von der Trittstufe aus fast ins Wasser springen. Oder eben in das Wattenmeer. Wichtig ist nur, dass man die Warnhinweise beachtet. Insbesondere bei starkem auflandigen Wind in Verbindung mit einsetzender Flut sollte man vielleicht doch lieber ein wenig mehr Abstand einhalten. Hin und wieder kann bei solchen Umständen beobachtet werden, wie ein Wohnmobil den Kräften der Natur ausgesetzt ist und vom rosterregenden Salzwasser umspült wird. Nicht gerade erstrebenswert – aber die Lage …

Adresse Am Harlesiel 20, 26049 Wittmund, Tel. 04464/949398, Koordinaten: 53.709657, 7.809311 | **Einkaufsmöglichkeiten** zwei Kilometer entfernt in Carolinensiel, gemütlicher Spaziergang entlang der Harle | **Besondere Angebote** Stellplätze für Hundefreunde, Kiosk/Strandbar, Brötchenservice, Gasflaschentausch und -verkauf, Restaurant Wattkieker | **Anfahrt** A 29 bis Wilhelmshavener Kreuz, B 210 bis Wittmund und B 461 bis Harlesiel | **Saison** meist April bis Oktober | **Kurz und knapp** 70 Stellflächen auf Asphalt, Ver- und Entsorgungsstation, unschlagbare Lage. Das gegenseitige Winken zwischen Wohnmobilisten und Passagieren auf dem Schiff nach Wangerooge gehört obligatorisch zum Aufenthalt dazu.

16 Wohnmobilstellplatz Cuxhaven

Für die erste Reihe benötigt man viel Ausdauer

Eine Schönheit ist er wirklich nicht, der Wohnmobilstellplatz zwischen der Cuxhavener Innenstadt und dem Elbufer. Die gepflasterte Fläche wirkt grau und trist. Im Sommer stört das aber wenig, denn man sieht sie vor lauter Wohnmobilen kaum. Über 120 Wohnmobile finden auf relativ engem Raum Platz. Und wenn es zu voll ist, weichen viele Wohnmobilfahrer auf die vorgelagerte Fläche aus, die man nur überqueren soll, um zum eigentlichen Ziel zu gelangen.

Nein, als schön bezeichnet man eigentlich andere Plätze. Aber gesehen oder gar erlebt haben sollte man ihn trotzdem mal. Denn alle Wohnmobilisten auf diesem Stellplatz haben ein und dasselbe Ziel. Sie möchten gerne die Container- und Kreuzfahrtschiffe beobachten, die auf der Elbe vorbeiziehen. Nur zwei Kilometer flussabwärts befindet sich die Kugelbake, das Wahrzeichen von Cuxhaven. Schiffe, die flussabwärts fahren, verlassen dort die Elbe und erreichen die Nordsee. Wissen sollte man, dass nur ein Bruchteil der Stellflächen einen Ausblick auf die großen Pötte bietet.

Die meisten Plätze haben keine Aussicht auf die Elbe, bestenfalls auf den Yachthafen im Süden oder auf ein Hafenbecken im Norden. Und wer in der Mitte des Platzes steht, sieht um sich herum nur andere Wohnmobile.

So kommt es schon mal vor, dass manch Wohnmobilfahrer in der hinteren Reihe angespannt hinter dem Lenkrad sitzt und mit der Hand am Zündschlüssel die anderen Wohnmobile beobachtet. Er wartet auf einen frei werdenden Platz in der ersten Reihe, den er dann schnellstmöglich belegen kann. Aber derjenige, der abreist, hat den Platz möglicherweise schon einem anderen versprochen und diesen über seine geplante Abfahrt informiert. Wie gesagt, schön ist hier zu beobachten, was so geschieht.

Adresse Cassen-Eils-Straße, 27472 Cuxhaven, Koordinaten: 53.875176, 8.703160 | **Einkaufsmöglichkeiten** ausreichend im Zentrum von Cuxhaven vorhanden | **Anfahrt** A 27 bis zum Ende, weiter auf B 73 nach Cuxhaven, dort über Deichstraße bis Cassen-Eils-Straße | **Saison** ganzjährig | **Kurz und knapp** 120 Stellflächen auf Pflasterstein, Ver- und Entsorgung sowie Strom vorhanden.

17 Campingplatz Wattenlöper

Zu Fuß durch das Wattenmeer

Der Name des Campingplatzes ist Programm. Denn Löper ist natürlich die plattdeutsche Bezeichnung für Läufer. Und der Platz befindet sich nur 500 Meter vom Einstieg in einen beinahe einmaligen Wattwanderweg entfernt. Der Fairness halber muss man zugeben, dass es mit den Campingplätzen Nordsee und Am Bäderring gleich zwei benachbarte Plätze gibt, die den gleichen Vorteil bieten. Auch ein klassischer Wohnmobilstellplatz ist nicht weit entfernt. Daher ist der Campingplatz Wattenlöper in diesem Fall nur symbolhaft zu verstehen. Man könnte auch nebenan übernachten. Aber dann nicht unter dem Namen Wattenlöper, der hier so schön passt.

Es existieren natürlich jede Menge Möglichkeiten an der deutschen Nordseeküste, um das Wattenmeer zu betreten. Nicht immer hat man die Gelegenheit, dabei direkt bis zu einer Insel zu wandern. In Cuxhaven-Duhnen ist dies jedoch machbar. Neun Kilometer vor der Küste befindet sich nämlich die Insel Neuwerk. Sowohl von Duhnen als auch vom nächsten Cuxhavener Ortsteil Sahlenburg aus, wo sich übrigens noch die Campingplätze Muschelgrund und Wernerwald befinden, startet jeweils ein Wanderweg zum fernen Eiland.

Denn man wandert nicht einfach geradewegs durch das Wattenmeer. Das ist viel zu gefährlich. Vielmehr folgt man den Pricken, die im matschigen Untergrund befestigt wurden und den Wanderer durch das Watt leiten. Diese Zweigbüschel erinnern ein wenig an Obstersträuße, bei denen man die Ostereier vergessen hat. Doch sie dienen der Orientierung und sind überlebenswichtig. Genauso wichtig sind die kurzen Zeitfenster, in denen man an den Campingplätzen in das Wattenmeer einsteigen kann. Sie verschieben sich täglich und machen das Wattenlöpen zu einem Unterfangen, auf das man sich gut vorbereiten sollte. Wenn Zeit, Wetter und Kondition nicht stimmen, belässt man es lieber bei einem Strandspaziergang oder bleibt auf dem schönen Campingplatz Wattenlöper.

Adresse Cuxhavener Straße 57, 27476 Cuxhaven, Tel. 04721/426051, www.wattenloeper.de, Koordinaten: 53.886310, 8.650282 | Einkaufsmöglichkeiten Minimarkt am Platz | Besondere Angebote 100 Meter zum Sandstrand, Ferienwohnungen | Anfahrt A 27 bis zum Ende, weiter auf B 73 nach Cuxhaven, weiter in Richtung Cuxhaven-Duhnen | Saison 15. März – 1. Nov. | Kurz und knapp 18 Standardplätze, 40 Komfortplätze und 26 Premiumplätze zwischen mehreren Dauercampingplätzen. Zum Platz gehören ein Café, ein Restaurant mit Biergarten, ein Minimarkt, ein Kinderspielplatz und eine kleine Sauna.

18_Camping Laascher See

Mit einem PS mehr auf Tour

Ein Hund an Bord des Wohnmobils ist definitiv nichts Ungewöhnliches. So manch ein Tierfreund hat auch schon mal zwei oder mehr Hunde mit auf Reisen. Selbst Katzen sieht man hin und wieder auf einem Armaturenbrett hocken. Da ich nicht nur Autor dieses Buches, sondern auch Betreiber eines Wohnmobilstellplatzes bin (siehe Kapitel 43), kenne ich so manchen Vierbeiner. Das außergewöhnlichste Tier, das uns auf dem Stellplatz besuchte, war ein Ara, der seinem Besitzer seelenruhig auf der Schulter hockte. Ich weiß allerdings auch von Wohnmobilbesitzern, die mit Frettchen unterwegs sind. Es ist also vieles möglich, wenn es ums Reisen mit dem Haustier geht.

Der Campingplatz am Laascher See bietet darüber hinaus sogar die Möglichkeit, seine Pferde mitzubringen. Zugegeben, selbst in die größten Wohnmobile, die derzeit auf dem Reisemobilmarkt zu kaufen sind, passen sie nicht hinein. Aber dafür gibt es ja Pferdeanhänger. Und einmal auf dem Campingplatz angekommen, erhalten die Pferde eine eigene Weide. Lediglich für die Einzäunung und für das Futter muss der Camper selbst sorgen. Auf dem Platz gibt es auch noch andere Tiere, zweibeinige, um genau zu sein. Die Hühner versorgen die Camper täglich mit frisch gelegten Eiern (den original Laascher Camping-Eiern), die am Morgen an der Rezeption abgeholt werden können.

Die Region rund um den Campingplatz ist zwar bundesweit bekannt als geplantes Endlager für Atommüll, doch sie bietet so viel mehr und ist als Biosphärenreservat Niedersächsische Elbtalaue geschützt. So campt man hier nicht nur in Nachbarschaft zum Laascher See, sondern hat auch das Ufer der Elbe in wenigen Minuten mit dem Fahrrad erreicht. Alternativ steigt man aufs Pferd und reitet entspannt durch das Wendland zum Fluss. Das Tier soll ja im Urlaub auch mal etwas Neues kennenlernen und einiges von der Landschaft sehen.

Adresse Camping Laascher See, Ortsteil Laasche 13, 29471 Gartow, Tel. 05846/980093, www.elbtalaue-camping.de, Koordinaten: 53.040015, 11.415448 | **Einkaufsmöglichkeiten** kurze Fahrt mit dem Rad nach Garton | **Besondere Angebote** Ferienhaus, Blockhütte, Mietwohnwagen, Angel- und Campingshop, Brötchenservice, Gasflaschentausch | **Anfahrt** A 39 bis Lüneburg und weiter über die B 216 bis Dannenberg, weiter über die kleinere Landstraße nach Gorleben und Gartow, dort um den Gartower See und bis zum Campingplatz am Laascher See | **Saison** ganzjährig | **Kurz und knapp** Familiärer Campingplatz an einem Bauernhof in idyllischer und ruhiger Landschaft, fernab von stark befahrenen Straßen, freundliche Betreiber, die kleinere Reparaturen am Wohnmobil auch in der hauseigenen Werkstatt durchführen, ansonsten die übliche Ausstattung, bei der es an nichts mangelt.

19 Stellplatz an der Stabkirche

Ein Stellplatz zum Verlieben

Der Harz ist immer eine Reise wert. Ob man nun mit der Harzer Schmalspurbahn auf den Brocken fahren möchte oder zu einer der 222 Stempelstellen wandert, damit man sich anschließend Harzer Wanderkaiser nennen darf – die Auswahl an Erlebnissen zwischen Osterode und Thale ist immens groß. Neben einem Baumwipfelpfad bei Bad Harzburg (siehe Kapitel 12) gibt es mittlerweile auch eine der längsten Hängeseilbrücken Deutschlands und die sogenannte Zipline, an der man eine rasante Fahrt erleben kann – nur an einem Seil hängend. Deutlich ruhiger und beschaulicher geht es im Westharz zu. Hahnenklee ist ein abseits gelegener Ortsteil von Goslar. Genau dort gibt es einen sehr einfachen Stellplatz für Wohnmobiltouristen.

Die Ausstattung ist zweckmäßig, denn der Platz ist nur ein Teil des örtlichen Parkplatzes. Doch kaum ein Wohnmobilstellplatz in Deutschland kann die Romantik mehr für sich in Anspruch nehmen als der Stellplatz in Goslar-Hahnenklee. Denn mit dem Verlassen des Wohnmobils befindet man sich sogleich an der Rendezvous-Bank, an der, wenn es gut läuft, eine romantische Liebesgeschichte ihren Anfang nimmt. Gleich daneben durchschreitet man das Tor der Liebe. Damit beginnt ein liebevoll gestalteter Rundwanderweg durch den Wald.

Zahlreiche Sitzbänke und Picknickplätze sind detailreich geschnitzt worden und stellen jeweils ein anderes Thema vor. Natürlich geht es um die Liebe. In chronologischer Reihenfolge wandert man auf gut sieben Kilometern von der Hasch-mich-Bank über die Verlobungsbank und die Porzellanhochzeitsbank bis zum letzten Sitzplatz. Die Kronjuwelenhochzeitsbank erinnert an den 75. Hochzeitstag. Ein langer Weg bis dahin, doch das Standesamt hilft gerne dabei. Man kann direkt auf dem Liebesbankweg heiraten. Eine gute Gelegenheit, die wilde Ehe im Wohnmobil zu beenden und sich frisch vermählt auf den Weg zu den nächsten Stell- und Campingplätzen zu machen.

Adresse Am Bocksberg, 38644 Goslar-Hahnenklee, Koordinaten: 51.857205, 10.343290 | Einkaufsmöglichkeiten zahlreiche Einkehrmöglichkeiten, einkaufen jedoch erst in Zellerfeld | Anfahrt auf der B 241 zwischen Goslar und Clausthal-Zellerfeld bis zum Abzweig bei Kreuzeck fahren, dort der kleinen Landstraße bis Hahnenklee folgen | Saison ganzjährig | Kurz und knapp Einfacher, aber ruhig gelegener und gebührenfreier Übernachtungsplatz mit wenig Ausstattung und Flair. Das Besondere an dem Platz ist der Wanderweg, der direkt vor der Wohnmobiltür beginnt. Ver- und Entsorgung möglich.

20 Reisemobilhafen Greetsiel

Gleich neben den Zwillingsmühlen

Schon bei der Anfahrt auf den Wohnmobilstellplatz in Greetsiel sieht man das Besondere. Zwei markante Windmühlen prägen das Ortsbild und befinden sich nur wenige Meter vom Stellplatz entfernt. Der Platz besteht aus Schotterflächen am südlichen Rand von Greetsiel. Um ihn zu erreichen, überquert man den Großparkplatz an der Mühlenstraße. Nachdem man sein Wohnmobil wohnlich eingeparkt hat, geht man zu Fuß über den Parkplatz zurück. Die Windmühlen im Abstand von 130 Metern erheben sich nachbarschaftlich am Ufer des Alten Greetsieler Sieltiefs. Beide unterscheiden sich optisch nur in der Farbe.

Die erste, die rote Mühle wurde zu Beginn des 18. Jahrhunderts gebaut und wird als Schoof's Mühle bezeichnet. Man kann sie nicht nur besichtigen, sondern im Inneren auch im Schoof's Mühlencafé einkehren. Das passt bestens, wenn man gerade in Greetsiel angekommen ist. Die zweite Mühle, ebenfalls eine Holländerwindmühle, ist ein wenig jünger und stammt aus der Mitte des 19. Jahrhunderts. Doch an ihrem Standort drehte sich zuvor schon über 200 Jahre eine kleinere Bockwindmühle.

Beide Mühlen geben ein wunderschönes Bild ab und das praktischerweise direkt vor der Zufahrt zum Wohnmobilstellplatz. Es gibt aber noch ein weiteres Bauwerk, dass man besichtigen kann. Dafür schnappt man sich das Fahrrad und radelt durch den Ort in Richtung Küste. Die Nordsee ist nämlich nur knapp vier Kilometer vom Stellplatz entfernt. Entlang des Deiches gelangt man nach einer schönen Radtour zum Pilsumer Leuchtturm. Cineasten kennen den markanten Leuchtturm mit seinen gelb-roten Streifen aus einem der Otto-Filme. Der Turm ist heute ein beliebtes Ausflugsziel und gilt als Wahrzeichen Ostfrieslands. Typische Windmühlen und ein bundesweit bekannter Leuchtturm können also vom Stellplatz aus besichtigt werden. Klassischer geht es im hohen Norden kaum, weshalb man den Platz unbedingt mal gesehen haben sollte.

Adresse Mühlenstraße, 26736 Krummhörn-Greetsiel, Koordinaten: 53.498046, 7.103938 | **Einkaufsmöglichkeiten** Zentrum zu Fuß erreichbar | **Anfahrt** A 31 bis Emden, dort über kleine Landstraßen durch Krummhörn und Eilsum nach Greetsiel, gleich hinter der großen Kreuzung rechts über den Parkplatz | **Saison** ganzjährig | **Kurz und knapp** 55 Stellflächen auf Schotter, Strom sowie Ver- und Entsorgung vorhanden, etwas unruhig durch die benachbarte Landstraße, aber eben ein idealer Ausgangspunkt zur Besichtigung der Mühlen und des Pilsumer Leuchtturms.

21 Wohnmobilstellplatz Weserstein

»Wo sich Werra und Fulda küssen«

»Wo Werra und Fulda sich küssen sie ihren Namen büßen müssen. Und hier entsteht durch diesen Kuss deutsch bis zum Meer der Weserfluss.« So steht es geschrieben auf dem Weserstein in Hann. Münden. Nach knapp 300 Kilometern trifft dort die Werra auf die mit 220 Kilometern Länge deutlich kürzere Fulda. Beide Flüsse enden an dieser Stelle, und das Wasser trägt fortan den Namen Weser. Noch 451 Kilometer sind es bis Bremerhaven, wo sie in die Nordsee mündet. Der Stein, auf dem das Gedicht verewigt wurde, ist eine Stiftung des damaligen Industriellen Carl Natermann. Sein Sohn, Carl Natermann junior, verfasste die Zeilen im Jahr 1899.

Die Kastanie, deren Äste weit über den Weserstein hinausragen, ist gut 20 Jahre älter und wurde im Jahr 1879 gepflanzt. Gleich daneben sieht man einen weiteren, moderneren Weserstein, der anlässlich der Weltausstellung Expo 2000 aufgestellt wurde. Das alles befindet sich an der nördlichen Spitze des sogenannten Unteren Tanzwerder, einer Insel, die von Fulda, Werra und dem Mühlenarm gebildet wird.

Hier liegt der Wohnmobilstellplatz der Stadt Hann. Münden an. Wer eine Wohnmobilreise durch das Weserbergland machen möchte, beginnt logischerweise gleich hier. In die andere Richtung gelangt man zu Fuß über eine schöne überdachte Holzbrücke in die Altstadt von Hann. Münden. Dort erhebt sich zwischen dem Markplatz und der mächtigen St.-Blasius-Kirche das Rathaus von Hann. Münden mit seiner tollen Fassade im Stil der Weserrenaissance.

Und wer Wohnmobilstellplätzen weniger zugetan ist, der kann auf dem nahe gelegenen Campingplatz unterkommen. Er befindet sich ebenfalls auf dem Tanzwerder und besitzt neben dem eigentlichen Campingbereich noch einen eigens ausgewiesenen Platz für Reisemobile. In diesem Sinne: Wo Werra und Fulda sich küssen, wird man mit dem Womo auf jeden Fall mal hinmüssen.

Adresse Tanzwerder 12, 34346 Hann. Münden, Koordinaten: 51.419941, 9.648526 | **Einkaufsmöglichkeiten** Innenstadt in fünf Minuten zu Fuß erreichbar | **Anfahrt** A 7 bis Hann. Münden und dann entweder über die B 80 oder die B 496 bis ins Zentrum, dort der Ausschilderung zum Stellplatz auf dem Unteren Tanzwerder folgen. Die Zufahrt zum Campingplatz befindet sich nur wenige Meter vor dem Stellplatz. | **Saison** ganzjährig | **Kurz und knapp** Einfacher, kostenpflichtiger Wohnmobilstellplatz als Teil eines Großparkplatzes, Bezahlung am Ticketautomaten, Ver- und Entsorgung vorhanden, öffentliche Toilette.

22 Mobilcamping Holzminden

Dieser Platz ist einfach dufte

Wilfried Wagner führte einst einen Wohnmobilstellplatz in Schieder in der Nähe von Bad Pyrmont. Dann hörte er von einem aufgegebenen Campingplatz an der Weser und gestaltete diesen zu einem Wohnmobilstellplatz um – mit Erfolg. Der dreigeteilte Platz befindet sich gleich gegenüber der Altstadt von Holzminden. Verlässt man die Straße, so erreicht man zunächst eine große Fläche mit viel Platz für Reisemobile zwischen Straße, großer Supermarktfiliale und immerhin einem Freibad. Umgeben ist der Platz zudem von gut besuchten Parkplätzen. Das reißt einen nicht gerade vom Fahrersitz, ist aber okay. Am Freibad geht es dann vorbei zum zweiten Bereich, der mehr einem Campingplatz mit Dauercampern gleicht. Hier steht man mit seinem Reisemobil relativ eng beieinander, was den einen oder anderen potenziellen Gast schon abgeschreckt haben dürfte. Doch dahinter kommt die eigentliche Perle des Wohnmobilstellplatzes.

Parallel zur Weser stehen die Fahrzeuge direkt am Ufer. Dadurch, dass die Reisemobile hintereinander parken, hat man an jedem Fahrzeug aus die Möglichkeit, seine Markise auszufahren und den freien Platz und Blick auf die Weser zu genießen. Wer hier eine Übernachtungsmöglichkeit gefunden hat, der wird den Platz nicht mehr verlassen wollen.

Zu Fuß oder mit dem Fahrrad ist man schnell in der Altstadt. Und dort geht es gut duftend zu. Die Stadt bietet nicht nur eine gemütliche Innenstadt, sondern ist auch Sitz von Deutschlands größtem Duft- und Geschmackstoffunternehmen. Passend dazu hat man sich einen duftenden Stadtrundgang einfallen lassen. Auf dem Rundweg begegnet man 18 Stelen, die einen besonderen Geruch versprühen. Mit verschiedenen Aromen kann man die Sehenswürdigkeiten der Stadt also auch olfaktorisch kennenlernen. Das wird sonst nirgendwo geboten – einfach dufte in Holzminden.

Adresse Stahler Ufer 16, 37603 Holzminden, Tel. 05531/990965, www.mobilcamping.de, Koordinaten: 51.827505, 9.439626 | **Einkaufsmöglichkeiten** direkt vor der (Womo-)Tür und im nahen Zentrum | **Besondere Angebote** Freibad im Sommer, Hallenbad im Winter direkt am Platz, Gasflaschentausch | **Anfahrt** B 64, Ausfahrt Holzminden, dann nach rechts und noch vor der Weserüberquerung rechts auf den ersten Bereich des Wohnmobilstellplatzes fahren | **Saison** ganzjährig | **Kurz und knapp** Großer Wohnmobilstellplatz am linken Weserufer. Der Platz ist in drei Bereiche unterteilt, wobei der schönste und beliebteste zweifellos im hinteren Abschnitt liegt. Dort kann man direkt am Ufer der Weser übernachten. Strom, Ver- und Entsorgung sowie Sanitäranlagen sind vorhanden.

23_Reisemobilpark Sagter Ems

Tatütata, die Feuerwehr ist da

Wer nach Saterland kommt, kann nicht nur eine weitere Sprache erlernen, sondern wird sich beim Befahren des dortigen Wohnmobilstellplatzes auch über ein knallrotes Feuerwehrauto wundern. Doch keine Sorge, es brennt nicht, und es besteht kein Grund zur Beunruhigung. Der Feuerwehrwagen hat vielmehr eine ganz andere Funktion. Denn in seinem Inneren wird Feuer entfacht. Während der Reisesaison findet an jedem Wochenende ein Grillabend statt, und der Wagen ist die Grillstation.

Dort, wo einst die rasenden Feuerwehrleute die Schläuche und Hilfsmittel aus den Seitenschränken des Fahrzeugs herausgeholt haben, brutzeln nun ganz gemütlich die Bratwürstchen vor sich hin. Im hinteren Stauraum ist derweil das Bierfass untergebracht und versorgt die Anwesenden mit kühlem Bier. Man beachte auch den Bereich zwischen der Leiter und dem Blaulicht. Dort ist eine typische Campingmarkise angebracht, die man sonst nur an Reisemobilen und Wohnwagen entdeckt. Wo findet man schon einen Feuerwehrwagen mit einem Sonnendach?

Aber auch sonst ist der Reisemobilstellplatz Sagter Ems einen Besuch wert. Er befindet sich im kleinen Ort Strücklingen im Saterland. Gesprochen wird dort Saterfriesisch. Es handelt sich um eine der kleinsten Sprachinseln in ganz Europa. Geschätzt wird, dass nur noch maximal 2.500 Personen des Saterfriesischen mächtig sind. Das Saterfriesisch ist als Minderheitensprache anerkannt, und so wundert es nicht, dass die Ortseingangsschilder der vier Saterländer Ortschaften zweisprachig beschriftet sind.

Deutlich weniger gesprächig ist die Sagter Ems. Dieser kurze Fluss fließt ganz still an den Wohnmobilen auf dem Stellplatz vorbei. Mit dem Grillfleisch aus dem Feuerwehrwagen und dem Blick auf den sanft dahinziehenden Fluss kann man sich hier eine wirklich tolle Zeit machen.

Adresse Hauptstraße 608, 26683 Saterland, Tel. 0172/576100, www.facebook.com/Reisemobilparksagterems, Koordinaten: 53.121319, 7.667930 | **Einkaufsmöglichkeiten** einen Kilometer entfernt auf der anderen Flussseite | **Anfahrt** A 28, Ausfahrt 3 (Filsum) und auf der B 72 südwärts fahren, an der Ausfahrt zur B 438 (Ostrhauderfehn) abfahren und der Beschilderung nach Strücklingen folgen, auf der Hauptstraße durch den Ort, bis der Platz links erscheint | **Saison** ganzjährig | **Kurz und knapp** Schöner Platz mit 55 Stellflächen direkt am Ufer der Sagter Ems, Liegewiese, Brötchenservice, Grillplätze für die Gäste, Sanitäranlagen mit Waschmaschine und Trockner.

24__Camping-Paradies Grüner Jäger

Der vielleicht grünste Campingplatz Deutschlands

Auf der Suche nach dem grünsten Campingplatz Deutschlands bieten sich dermaßen viele Plätze an, dass man gleich auch noch ein Buch mit dem Titel »Die 111 grünsten …« veröffentlichen könnte. Naturgemäß liegen viele Campingplätze mitten im Grünen. Ausnahmen bestätigen zwar die Regel, doch selten kommt man umhin, die malerische, ruhige Lage im Grünen anzupreisen. Oft ist sie zusätzlich blau, nämlich dann, wenn zur grünen Landschaft noch ein Gewässer hinzukommt.

Viele Campingplätze kann man als grün bezeichnen, weil sie ökologisch sinnvoll und damit zeitgemäß errichtet oder umgebaut wurden. So wird mit dem eigenen Blockheizkraftwerk Energie erzeugt, während es sich auf dem Dach der Rezeption die Solarpanels in der Sonne gut gehen lassen.

Östlich von Bremen wartet ganz im Grünen das Camping-Paradies mit dem Beinamen Grüner Jäger. Es liegt gleich neben dem Naturschutzgebiet Voßberge und ist von zahlreichen Feldern und Wäldern umgeben. Zwar gibt es in der Nähe auch eine Autobahn, doch die einstige Ausfahrt wurde geschlossen. So lebt es sich gleich viel ruhiger im Grünen. Begonnen hatte der Campingplatz mit der Gaststätte »Grüner Jäger«, benannt nach dem Landwirt, der sie im Jahr 1957 eröffnete. Nachdem die ersten Dauercamper mit Zelten kamen, entstand daraus ein bis heute überschaubarer und sehr charmanter Campingplatz.

Gleich in der Nähe verläuft die Wümme durch die grüne Landschaft. Größere Gewässer gibt es hier nicht, bedeutende Sehenswürdigkeiten liegen auch nicht in der Nähe. Und dennoch wird man auf der Webseite des Campingplatzes gleich in sechs Sprachen begrüßt und über den Platz aufgeklärt. Das schafft so mancher Campingplatz in touristischen Hochburgen nicht. Ein schönes Fleckchen Erde in verträumter grüner Lage, das man unbedingt mal besucht haben sollte.

Adresse Everinghauser Dorfstraße 17, 27367 Sottrum, Tel. 04205/319113, www.camping-paradies.de, Koordinaten: 53.082364, 9.176084 | **Besondere Angebote** Sauna, Minizoo, Kanuanlegestelle, Restaurant, Café, Biergarten | **Anfahrt** A 1, Ausfahrt 50 (Stuckenborstel), dann in Richtung Sottrum fahren, gleich an der ersten Möglichkeit rechts abbiegen und der Everinghauser Straße bis zum Campingplatz folgen | **Saison** Gründonnerstag–Mitte Okt. | **Kurz und knapp** Trotz der Größe ein gemütlicher Campingplatz mit rund 99 Stellflächen in Ufernähe der Wümme. Liebevoll angelegt und modern gestaltet. Mit einem Swimmingpool und der dazugehörigen Gastronomie kann man es sich hier sehr gut gehen lassen.

25__Südsee-Camp

Ab in die Südsee

Am 25. September 1513 erblickte der spanische Konquistador Vasco Núñez de Balboa den Pazifik und galt damit als erster Europäer, der einen Blick auf das Meer zwischen Asien und Amerika werfen konnte. Er nannte es Mar del sur, also Südmeer, wovon sich der allgemein bekannte Begriff Südsee ableitet. Mit der Südsee meint man seitdem in der Regel die Region um Fidschi, Polynesien, Tahiti – kurzum die Region dieser Erde, die man gemeinhin mit Palmen, weiten Stränden und Entspannung assoziiert.

An Wohnmobilurlaub muss man dabei aber nicht denken. Dafür ist man auf dem Südsee-Campingplatz in der Lüneburger Heide viel besser aufgehoben. Wobei man im ersten Moment wohl stutzen dürfte. Heidelandschaft mit weitläufigen Mooren und dann das Thema Südsee? Das Südsee-Camp schafft den Spagat zwischen Ausgangspunkt für Heide-Wanderungen und Stranderlebnis an den Gestaden eines Sees.

Wer nicht das Glück hat, direkt vom Wohnmobil auf den See blicken zu können, kann diesen zumindest bei einem Strandspaziergang umrunden und in der Strandbar oder im Insel-Restaurant einkehren. Da Norddeutschland andere Wetterbedingungen als die klassische Südsee bietet, gibt es zudem ein überdachtes Badeparadies mit Wasserrutsche und Kontiki-Bar. Gleich daneben breitet sich ein liebevoll gestalteter Minigolfplatz aus. Sein Name Dschungelgolf ist zugleich das Thema der Spielanlage und weckt ebenfalls südliche Assoziationen.

Satte 700 Meter entfernt geht es zwar weniger tropisch zu, faszinierend aber allemal. Denn es geht hoch hinaus in den Hochseilgarten, der ebenfalls ein Teil des Campingplatzes ist. Ansonsten bleiben noch der Reiterhof, Kinderspielplätze und diverse Veranstaltungen, die das Südsee-Camp anbietet. Vasco Núñez de Balboa kehrte nie wieder nach Spanien zurück, und auch hier auf dem Campingplatz möchte man nicht so schnell wieder nach Hause fahren.

Adresse Südsee Camp 1, 29649 Wietzendorf, Tel. 05196/980116, www.suedsee-camp.de, Koordinaten: 52.931533, 9.965298 | **Einkaufsmöglichkeiten** diverse Shops am Platz | **Anfahrt** A 7, Ausfahrt Soltau-Süd und auf der B 3 südwärts bis zur ersten Ausfahrt, durch das Waldgebiet bis zum Campingplatz, dieser befindet sich auf der linken Seite, der dazugehörige Wohnmobilstellplatz liegt rechts der Straße | **Saison** ganzjährig | **Kurz und knapp** Großer Campingplatz mitten in der Lüneburger Heide mit einer Vielzahl an Freizeitaktivitäten und Unterbringungsmöglichkeiten. Diese reichen vom Wohnmobilstellplatz über klassische Parzellen bis hin zu Chalets. Baumreicher Platz mit einem großen See, der komplett von einem Sandstrand umgeben ist.

26 Campingplatz am Königssee

Check-in per Telefon

Frank Bösel vom Campingplatz am friesischen Königssee betreibt zwar keinen Wohnmobilstellplatz, bei dem die Anreise jederzeit erfolgen kann, hat sich aber für seine Gäste dennoch etwas Innovatives einfallen lassen. Anreisen kann man auf dem Platz zwischen 8 und 12 Uhr am Morgen sowie zwischen 13 und 18 Uhr am Nachmittag. Doch für Spätankömmlinge gibt es einen einmaligen Service. So hängt an einer Wand ein Telefon, mit dem man Frank Bösel erreichen kann. Er nennt dann einen vierstelligen PIN-Code, welchen der anreisende Gast gleich neben dem Telefon auf einem Display einzugeben hat. Hat man sich nicht vertippt, öffnet sich eine Schublade in der Wand, und man erhält ganz automatisch sämtliche Unterlagen sowie den Zugangsschlüssel für die Schranke und für den Sanitärbereich.

Damit man gleich am nächsten Morgen, wenn die Rezeption wieder regulär geöffnet hat, frische Brötchen bekommt, nimmt Frank Bösel natürlich direkt auch die Bestellung für die Backwaren entgegen. Dieser Service wird täglich bis 21.30 Uhr angeboten. Danach ist dann wirklich Schluss mit der Anmeldemöglichkeit – verständlicherweise. Einer späten Dusche nach der Ankunft steht damit nichts im Wege.

Übrigens: Für alle, die nur mit dem Zelt anreisen, gibt es auf dem Campingplatz ein weiteres ungewöhnliches Angebot. Mit dem Kühlschrankservice kann sich der zeltreisende Gast einen abschließbaren Kühlschrank mieten, um seine Vorräte kühl und sicher zu lagern.

Damit ist dem freundlichen Betreiber Frank Bösel der nahtlose Übergang zwischen Campingplatz und Wohnmobilstellplatz rundherum gelungen, und ein jeder, ob Urlauber mit Wohnmobil oder mit Wohnanhänger, wird auf seinem Campingplatz einen wunderbaren und einfachen Aufenthalt verbringen können.

Adresse Tarbarger Landstraße 30, 26340 Zetel, Tel. 04452/1706, www.campingplatz-am-koenigssee.de, Koordinaten: 53.355150, 7.929366 | Einkaufsmöglichkeiten eine Viertelstunde mit dem Fahrrad entfernt | Besondere Angebote Brötchen- und Kühlschrankservice, Trekkinghütte | Anfahrt A 28, Ausfahrt 6 (Westerstede), dann rund 16 Kilometer bis zur Tabarger Landstraße in Richtung Neuenburg fahren, dort links abbiegen, und wenig später erreicht man den Campingplatz. Die vermeintlich kürzere Strecke ab der Ausfahrt Westerstede-West führt über eine schlechte Wegstrecke. | Saison circa März–Okt., bitte Homepage beachten | Kurz und knapp Ruhig gelegener Campingplatz mit modernen und gepflegten Sanitärbereichen direkt an einem kleinen See mit einem eigenen Badestrand. Ausflugsmöglichkeiten in die umliegende Moorlandschaft und in den Neuenburger Urwald.

27 Camping Buchholz

Der Städtischste

Die meisten Campingplätze dürften sich an Seen, Flüssen oder am Meer befinden. Einfach irgendwo am Wasser. Wasser zieht immer. Wenn es kein Wasser gibt, dann doch wenigstens eine Sehenswürdigkeit, ein Schloss, ein Welterbe, wenigstens ein Landgasthof. Und wenn das nicht hilft, dann liegt der Campingplatz zumindest malerisch in der Natur und bietet Blick über Felder bis zum Horizont. Ausnahmen sind natürlich die Plätze, die sich an Städteurlauber richten. Doch selbst diese liegen in Köln am Rhein, in Berlin am Wannsee und an der Havel, in München an der Isar und im größten Ballungsgebiet Deutschlands in den Auen der Ruhr.

Hamburg, die zweitgrößte Stadt Deutschlands, beherbergt natürlich auch Campinggäste. Die meisten von ihnen genießen nach dem Bummel durch die Stadt ihre Übernachtung in Ufernähe der Elbe. Doch ausgerechnet mitten im Stadtteil Stellingen liegt der Campingplatz Buchholz. Verkehrstechnisch ist er sehr gut erreichbar, bis zur nächsten Autobahnauffahrt sind es keine 800 Meter. Diese legt man auf der sechsspurigen Bundesstraße 4 zurück, die praktischerweise an der Einfahrt zum Campingplatz vorbeiläuft. Die Einfahrt wiederum befindet sich ganz unscheinbar zwischen zwei gewöhnlichen Mehrfamilienhäusern. Gäbe es nicht das Hinweisschild, man würde sich hier keinen Campingplatz vorstellen können.

Auf dem Platz grenzen zahlreiche Thujen die einzelnen, teils engen Stellflächen voneinander ab. Hohe Bäume geben etwas Schatten und verdecken damit ein wenig, dass man sich hier inmitten eines Wohngebietes befindet. Zahlreiche Wohnhäuser erheben sich rund um den Platz, und man wird unweigerlich Teil der Nachbarschaft. Übrigens befindet sich gleich neben dem Campingplatz eine Haltestelle, von der aus man in rund einer halben Stunde mitten auf St. Pauli ist. Solche unscheinbaren Plätze haben durchaus ihre Vorteile.

Adresse Kieler Straße 374, 22525 Hamburg, Tel. 040/5404532, www.camping-buchholz.de, Koordinaten: 53.590085, 9.930963 | **Einkaufsmöglichkeiten** Rewe und Lidl fußläufig erreichbar (eine Minute) | **Besondere Angebote** Frühstücks- und Getränkeservice, Gästezimmer | **Anfahrt** A 7, Ausfahrt 26 (Hamburg-Stellingen), danach rechts und nach Überquerung der Volksparkstraße beziehungsweise dem Sportplatzring linker Hand auf den Campingplatz zwischen den Wohnhäusern | **Saison** ganzjährig | **Kurz und knapp** Überschaubarer Campingplatz im Hamburger Ortsteil Stellingen. Die zum Teil engen Stellflächen macht der Platz mit seiner zentralen Lage wieder wett. Zum Tierpark Hagenbeck sind es nur zehn Minuten zu Fuß.

28 Reisemobilstellplatz am Kuhhirten

Der Kuhhirte mitten in der Großstadt

Man könnte annehmen, man fahre zu einer Weide, wenn man den Namen des Wohnmobilstellplatzes liest. Doch ganz im Gegenteil, nach der Ankunft fühlt man sich eher wie in einem kleinen Wäldchen. Und das mitten in einer Großstadt. Der Platz liegt auf dem sogenannten Stadtwerder, einer Halbinsel zwischen der Weser und der Werderinsel. Nicht nur Fußballfans dürften in dem Zusammenhang den Vereinsnamen Werder Bremen kennen. Das dazugehörige Stadion befindet sich gleich auf der anderen Seite der Weser. Die Bezeichnung Werder steht für genau so eine Landschaftsform. Sprich für eine Halbinsel zwischen einem Fluss und einem stehenden Gewässer.

Was den Stellplatz vielmehr ausmacht, ist die Tatsache, dass er sich eben nicht auf einer Weide befindet und auch an keine Weide angrenzt. Kühe und Kuhhirten gab es hier bis zum Ersten Weltkrieg. Seither nicht mehr. Dafür ganz viele Bäume. Nun wird der eine oder andere Wohnmobilist vielleicht eine abwertende Handbewegung ausführen und diese mit den Worten »Dann gibt es auch keinen Fernsehempfang« kommentieren. In der Tat ist es auf einigen Stellflächen schwierig bis unmöglich, eine Verbindung zum Astra-Satelliten zu erhalten, der in Richtung Südsüdost über dem Horizont steht. Deswegen hat der nette Betreiber Hans Bahrenburg auf über 50 Plätzen einen festen Satellitenzugang installiert. Auch DVB-T-Receiver verleiht er kostenlos. So hat man doch noch die Möglichkeit, am Abend einen Blick in die Tagesschau und in den Spielfilm zu werfen.

Sehr nett und kundenfreundlich, doch das wahre Leben spielt sich draußen ab. Nur wenige Schritte sind es bis zur Weserfähre, mit der man das Ufer wechselt und nach einem kurzen Spaziergang die Bremer Altstadt mit dem Schnoorviertel und dem UNESCO-Weltkulturerbe erreicht.

Adresse Kuhhirtenweg, 28201 Bremen, Tel. 0173/9850092, www.stellplatz-bremen.de, Koordinaten: 53.065086, 8.818678 | **Einkaufsmöglichkeiten** 800 Meter entfernt | **Besondere Abgebote** Ver- und Entsorgung, Brötchenservice, Duschen und WC vorhanden, Kabel für Satellitenempfang werden kostenlos verliehen | **Anfahrt** A 1 oder A 27 und weiter über die B 6 oder B 6n, an der Wilhelm-Kaisen-Brücke nicht über die Weser, sondern zuvor rechts auf den Stadtwerder fahren, bis linker Hand der Stellplatz erscheint | **Saison** ganzjährig | **Kurz und knapp** Stadtnaher Stellplatz unter Bäumen mit knapp 70 Stellflächen. Die Weser ist nur 100 Meter entfernt. Zahlreiche Informationen zu Bremen in einem kleinen Holzhaus.

29 Wohnmobilstellplatz Insel Rügen

Der vielleicht komplizierteste Platz

Es gibt viele vollautomatische Stellplätze, doch macht das die Sache vielleicht ein wenig kompliziert.

Nach der Ankunft am Platz steht man vor der Schranke und versucht nun Einlass zu erhalten. Hierfür begibt man sich in das angrenzende Büro, um die Anmeldeformalitäten zu klären. Pech, wenn es nach 18 Uhr ist. Dann ist das Büro unbesetzt, und die Nacht muss woanders verbracht werden. Ist man noch rechtzeitig vor Ort, so erklärt einem die Besitzerin die vollautomatischen Funktionen. Die Prozedur des Erklärens sowie der Anmeldung kann zuweilen schon mal bis zu 15 Minuten dauern. Vollautomatisch würde es wohl schneller gehen, aber wahrscheinlich nicht so freundlich.

Man erhält einen Chip, der von der Platzwartin mit einem Geldbetrag nach Wahl des Gastes aufgeladen wird. Wiederum Pech, wenn man bei der Anmeldung kein Bargeld mit sich führt. Denn für den Chip werden 20 Euro Pfand erwartet. Doch keine Sorge, der nächste Bankautomat ist nur drei Fahrminuten entfernt, und die nette Dame wartet dann auch bis nach 18 Uhr.

Mit dem Chip öffnet sich die Schranke, sodass man auf den Platz fahren kann. Außerdem erhält man Zugang zum sehr gepflegten und tollen Sanitärgebäude. Allerdings wird dabei gleich ein geringfügiger Betrag vom Chip abgebucht. Also wieder Pech, wenn man nach dem Duschen sein Shampoo in der Kabine vergisst und nochmals in das Sanitärgebäude eintreten muss. Will man sein Wohnmobil an Strom anschließen, so muss man das übrigens schon bei der Anmeldung wissen, damit eine Stromsäule freigeschaltet wird. Das bietet keine Möglichkeit zum spontanen Wechsel des Platzes.

Bei der Abreise werden schließlich die verbliebenen Beträge auf dem Chip verrechnet, und man erhält den Pfandbetrag zurück. Manches Einfache ist dann doch etwas zu verkompliziert.

Adresse Chausseestraße 14, 18581 Putbus / OT Lauterbach, www.wohnmobilstellplatz-insel-ruegen.de, Koordinaten: 54.347389, 13.498714 | Einkaufsmöglichkeiten 100 Meter entfernt | Anfahrt B 196 bis Bergen auf Rügen, dort rechts auf die L 301 nach Putbus, am großen Kreisverkehr namens Circus in Richtung Ortsteil Lauterbach fahren, gegenüber vom Supermarkt links einbiegen, bis zur Schranke des Wohnmobilstellplatzes | Saison April – Okt. | Kurz und knapp Freundlicher Campingplatz am Ortsrand und hinter einem neuen Wohnviertel mit Ver- und Entsorgung und Sanitäranlagen. Am nördlichen Rand grenzt er an ein Feld, und an der Ostseite pendelt der Rasende Roland auf seiner Schmalspurbahn. Zum Hafen sind es nur wenige Gehminuten durch den Ort.

30_Campingplatz Thiessow

Mithilfe erwünscht

Der Campingplatz Thiessow bittet um Mithilfe. Es geht jedoch nicht darum, seine kostbare Urlaubszeit arbeitend auf dem Campingplatz oder an der Rezeption zu verbringen. Vielmehr versucht man, die Chronik des Platzes lückenlos aufzufüllen. Im Jahr 2006 hat der Campingplatz sein 50. Jubiläum gefeiert. Doch anscheinend ist gar nicht wirklich eindeutig geklärt, ob der Platz zu diesem Zeitpunkt bereits 50 Jahre alt war. Denn der älteste Nachweis des dort vorhandenen Campingplatzes spricht vom Jahr 1957. Ein Zeitungsartikel aus der Zeit berichtet über zahlreiche Urlaubsgäste aus der ČSSR und aus der Ungarischen Volksrepublik. Damals herrschten noch andere politische Verhältnisse in Europa. Dass es nur wenige Jahre später durch den Bau der Mauer schlimmer werden würde, ahnte wohl noch niemand.

Der Campingplatz Thiessow hat den Kalten Krieg überstanden und besteht 30 Jahre nach dem Ende der DDR noch immer. Doch jetzt sind ehemalige Gäste und Einwohner des Ortes gefragt. Wer hat Unterlagen, Bilder oder Erinnerungen an den Platz und kann die Betreiber beim Erstellen der Chronik unterstützen?

Übrigens, für alle, die sich nicht auf Anhieb an den Campingplatz erinnern: Er liegt ganz im Südosten der Insel Rügen, bekannt für ihren Kreidefelsen. Auf einer schmalen Landzunge, umgeben von der sanft plätschernden Ostsee, befindet er sich praktisch in einer Sackgasse mit viel Ruhe. Wer hierhinkommt, hat alleine auf der Insel eine lange Fahrt hinter sich und will abschalten. Am besten geht das bei einem Spaziergang durch den angrenzenden Wald mit seinen knorrigen Bäumen bis zum feinen Sandstrand der Ostsee.

Dabei sollte man jedoch die Kamera nicht vergessen. So kann man den Campingplatz bei der Fortführung der Chronik unterstützen. Ein Datum hat man sich aber bereits jetzt schon in der Rezeption notiert: Die Sanitärgebäude wurden im Jahr 2017 komplett neu errichtet.

Adresse Hauptstraße 4, 18586 Thiessow, Tel. 038308/669585, www.campingplatz-thiessow.de, Koordinaten: 54.280286, 13.713669 | **Einkaufsmöglichkeiten** südlich vom Platz in rund 800 Metern Entfernung | **Besondere Angebote** Fahrradverleih, Gasflaschentausch | **Anfahrt** auf Rügen der B 196 in südöstlicher Richtung nach Sellin folgen, im Kreisverkehr im Wald vor Göhren geradeaus bleiben und bis kurz vor Thiessow zum Campingplatz | **Saison** circa März–Okt., bitte Homepage beachten | **Kurz und knapp** Klassischer Campingplatz mit den üblichen Einrichtungen. Sanitärgebäude noch sehr jung und daher nach modernsten Maßstäben. Aufgrund der abgelegenen Lage kann es Probleme beim Handyempfang geben.

31__Camping- und Wohnmobilpark Kamerun

Afrika in Mecklenburg-Vorpommern

Um nach Kamerun zu fahren, begeben wir uns nach Südspanien und überqueren dort mit der Fähre die Straße von Gibraltar. Weiter geht es schließlich durch Marokko und durch die Sahara. Mauretanien, Mali, Niger und Nigeria sind schnell durchquert, und schon hat man nach über 6.000 Kilometern das zentralafrikanische Land Kamerun erreicht. Klingt anstrengend? Na gut, dann steuern wir unser Wohnmobil eben in Richtung Mecklenburger Seenplatte und fahren nach Waren an der Müritz.

Dort werden wir vom Campingplatz Kamerun erwartet, ganz ohne Fährüberfahrt, Wüste und sonstige Gefahren, die auf einer Afrikareise auf einen lauern. Und dennoch hat man hier afrikanisches Flair. Es ist nicht nur der Name des Campingplatzes, der an den heißen Kontinent erinnert. Auch in der Anmeldung, der Kamerun Lodge, stößt man auf afrikanische Elemente. Angefangen beim Bambusdach über der Theke über die Skulpturen in der Sitzgruppe, die eindeutig der afrikanischen Kunst und Kultur zuzuordnen sind, bis zu den Sanitärräumlichkeiten, wo man vom Porträt eines afrikanischen Stammesführers in Empfang genommen wird.

Im Restaurant kann man neben den herkömmlichen Speisen ebenfalls einen kleinen Einblick in die afrikanische Küche erhalten und sich mit Kokossuppe oder mit Reis und Kokoscurrysoße verköstigen.

Auf dem eigentlichen Campingplatz und dem dazugehörigen Wohnmobilhafen geht es dann wiederum deutlich europäischer zu. Ein herrlicher Badestrand und der Blick auf die Müritz lassen alle Assoziationen an Kamerun vergessen. Außerdem bietet der Campingplatz eine eingezäunte Hundeauslaufwiese, einen Kanuverleih, eine Segel- und Surfschule sowie eine Showbühne, auf der nicht nur afrikanische Vorführungen stattfinden. Manches Gute liegt so nah, da muss man also gar nicht in die Ferne fahren.

Adresse Zur Stillen Bucht 3, 17192 Waren (Müritz), Tel. 03991/122406, www.campingtour-mv.de/waren/index.html, Koordinaten: 53.512159, 12.650549 | **Einkaufsmöglichkeiten** SB-Laden | **Besondere Angebote** Fahrradvermietung, Ferienwohnungen, Gasflaschentausch, Restaurant, Imbiss, Biergarten, Kanu-, Motorboot- und Kajakverleih | **Anfahrt** A 19, Ausfahrt 17 (Waren) bei Malchow und der B 192 bis kurz vor Waren folgen. Der Platz befindet sich vor dem Ort auf der rechten Seite. | **Saison** ganzjährig | **Kurz und knapp** Großer Campingplatz am Nordwestufer der Binnenmüritz, einem kleineren Abschnitt des Müritzsees. Gepflegte Atmosphäre und sehr gute Ausstattung. Vor der Schranke befindet sich zudem ein hauseigener Wohnmobilhafen.

32 Stellplatz Minipony-Ranch

Der Wilde Westen weit im Osten

Die Sonne brennt über der flimmernden Landschaft. Es ist so warm und hell, dass man seinen breitkrempigen Hut tiefer ins Gesicht zieht. Das Frühstück steht auf dem Tisch, und von Weitem hört man bereits das sich nähernde Hufgeklapper. Wenig später traben sie ein paar Meter vom Frühstückstisch entfernt vorbei – die Ponys von der Minipony-Ranch. Entweder wähnt man sich in den Weiten des Wilden Westens irgendwo zwischen Arizona und South Dakota, oder man ist in der Nähe vom Felixsee, in den Wäldern Brandenburgs kurz vor der Grenze zu Polen.

Zwischen Spremberg und Bad Muskau hat der Betreiber der Minipony-Ranch, Ulrich Blum, einen Traum wahr werden lassen. Er verband seine Hobbys Pferdezucht und Wohnmobilreisen und schuf ein Kleinod der Reisemobilszene. 20 Reisemobile und Wohnwagengespanne finden hier einen Platz, der den Charme eines Wildwest-Abenteuers versprüht. Wie einst die Pferde vor einem Saloon stehen die Wohnmobile mit ihren Pferdestärken aufgereiht vor den Anbindebalken. Das hölzerne Hauptgebäude ist mit Wagenrädern sowie einem Cowboy dekoriert und bietet ein klassisches Vordach. Man meint, der Sheriff käme gleich um die Ecke geritten. Nur der Holzfußboden fehlt, auf dem die typischen Geräusche von Cowboystiefeln zu hören wären. Auch die Pferde fallen eine Spur kleiner aus, es sind eben Ponys.

Doch dafür bereiten sie Groß und Klein eine Freude, wenn sie auf ihren Koppeln unterwegs sind. Besonders Kinder haben ihren Spaß daran, wenn sie direkt vom Wohnmobil aus zu den Ponys können. Natürlich dürfen sie diese auch putzen, satteln und vor allen Dingen reiten. Vor dem Gebäude steht eine rustikale Holzschaukel. Sie ist der geeignete Platz, um am Ende des Tages dem Treiben auf dem kleinen Stellplatz zuzuschauen und dabei zu erleben, wie die Kinder auf den Miniponys in den Sonnenuntergang reiten.

Adresse Ohmixstraße 1, 03130 Felixsee, Tel. 035698/72280, www.stellplatz-miniponyranch.de, Koordinaten: 51.605822, 14.512494 | **Einkaufsmöglichkeiten** kleiner Lebensmittelladen im Ort (300 Meter) | **Anfahrt** A 15 bei Forst (Lausitz) verlassen und über die B 115 bis Döbern, weiter über kleine Landstraßen nach Klein Loitz und der Beschilderung folgen | **Saison** April – Okt. | **Kurz und knapp** Kleiner Stellplatz für 20 Reisemobile und auch für Wohnwagen mit einer Gesamtlänge von bis zu 16 Metern. Liebevoll angelegter Platz mit klassischen Anbindebalken für Pferde, die aber als Steckdose und Wasseranschluss dienen. Sanitäranlagen vorhanden. Reitmöglichkeiten für Kinder.

33_Themencamping Grünewalder Lauch

Die beste Zeit ist jetzt

»Ich habe entschieden, nicht länger auf bessere Zeiten zu warten. Die beste Zeit ist JETZT! Ich mache JETZT die restlichen Jahre meines Lebens zu den glücklichsten. Denn das Leben gehört mir, und es ist einfach zu kurz, um noch länger zu warten.«

Sätze, die an diverse Motivationssprüche in modernen Unternehmen erinnern, doch sie hängen nicht als Haftnotiz in grauen Büroräumen, sondern stehen auf einer knallgelben Wand des Campingplatzes Grünewalder Lauch und begrüßen die Gäste gleich neben der Zufahrt. Mit weiteren sinnvollen, erheiternden, aber auch nachdenklichen Sprüchen ist der Platz ganz individuell gestaltet, und immer wieder entdeckt man beim Gang über den Platz etwas Neues.

In herrlich ruhiger Lage campt man hier mitten in einem riesigen Waldgebiet Brandenburgs. Der Platz hat einen direkten Zugang zum Grünewalder Lauch. Dieser See entstand in DDR-Zeiten durch Auffüllung eines ehemaligen Tagebaus. Sowohl Campingplatz als auch See sind Teil des Naturparks Niederlausitzer Heidelandschaft, in dem satte 13 Naturschutzgebiete ausgewiesen wurden. Für Naturfreunde ist also nicht nur JETZT die beste Zeit, sondern auch HIER der beste Ort. Es steht zwar so nicht auf dem Campingplatz geschrieben, aber es würde passen.

Zum klassischen Campingplatz mit Badestrand gehört auch der Wohnmobilpark mit 54 Stellflächen. Diese sind rund um die Uhr erreichbar, auch wenn es bei der späten Ankunft anders ausschaut. Doch das Eingangstor ist nur verschlossen, um die tierischen Nachbarn aus dem Wald vom Stellplatz abzuhalten. Neben dieser vielen Natur gibt es gleich nebenan auch noch eine Eisdiele, die mit ihrem Interieur an die legendäre Route 66 in den USA erinnert und in den Sommermonaten zu Eis einlädt. Daher: Nicht warten, bis man »irgendwann mal« dorthin fährt, sondern machen! Jetzt.

Adresse Lauchstraße 101, 01979 Lauchhammer, Tel. 03574/3826, www.themencamping.de, Koordinaten: 51.506871, 13.667068 | **Einkaufsmöglichkeiten** Lebensmittel- und Campershop am Platz | **Besondere Angebote** Ferienwohnungen, Mobilheime, Mietwohnwagen, Fasshütten, Biergarten, Eisdiele, Minigolf, Brötchenservice, Verleih von Fahrrädern, Kanus, Paddelbooten | **Anfahrt** A 13 zwischen Dresden und Berlin, Ausfahrt 17 (Ruhland), dort rechts auf die B 169 abbiegen und dieser bis Lauchhammer folgen, an der Ampelkreuzung hinter dem Schlosspark erneut rechts und durch den Ort bis zum See Grünewalder Lauch | **Saison** ganzjährig | **Kurz und knapp** Sehr ruhiger Campingplatz mit Badestrand und einer deutlichen Trennung zwischen Dauercampern, Tagestouristen und einem Wohnmobilhafen. Tagsüber auch zahlreiche Besucher des Badesees, doch ab dem Abend hat man Wald, See und Felder für sich allein.

34 Campingplatz am Oderstrom

Entspannung an der Oder

Wer zur Jahrhundertwende mit dem Fahrrad auf dem Oder-Neiße-Radweg unterwegs war, der wird die Region ganz anders erlebt haben. Der Radweg zwischen Gartz und Mescherin war noch im Bau, und oftmals rumpelte man über alte Betonpisten der DDR. In jede einzelne Betonplatte war das Jahr 1979 eingestempelt. Selbst über ein Jahrzehnt nach der politischen Wende herrschte noch Aufbruchstimmung, und so manches Detail vor Ort wirkte abenteuerlich. Eine kontrollfreie Einreise nach Polen war nicht möglich. Das Nachbarland auf der anderen Seite der Oder war noch kein EU-Mitglied und schon gar nicht im Schengen-Raum.

Aber landschaftlich war es schon damals unglaublich schön, hier im Nordosten Deutschlands. Zu Recht wurde die Landschaft mit dem Namen Unteres Odertal als Nationalpark ausgewiesen. Wer sich den Campingplatz in Mescherin als Urlaubsort auswählt, befindet sich am nördlichen Rand des Nationalparks und hat einen guten Ausgangspunkt, um diesen in aller Ruhe zu erkunden. Wer will, kann die Flussauen mit dem Kanu erleben, am Fluss angeln oder auf dem Oder-Neiße-Radweg eine Tagestour zum Oderhaff unternehmen. Für den Abend bietet sich auch ein Besuch im kleinen Zentrum der polnischen Stadt Gryfino auf der anderen Seite der Oderbrücke an. Am deutschen Brückenkopf gibt es zudem einen schönen hölzernen Aussichtsturm, der einen tollen Ausblick auf die phantastische Oder-Landschaft ermöglicht. Ein bisschen Schwindelfreiheit sollte man mitbringen, weil man durch die Stufen direkt bis nach unten blickt. Aber so kann man eben auch heute noch kleine Abenteuer am Nationalpark Unteres Odertal erleben und genießen. Und auf dem Campingplatz wird man weiterhin handschriftlich in ein altes Anmeldebuch eingetragen. Ein Computer ist weit und breit nicht zu sehen. Ein bisschen Nostalgie blieb also erhalten.

Adresse Obere Dorfstraße 17, 16307 Mescherin, Tel. 033332/870044, www.campingplatz-mescherin.de, Koordinaten: 53.242233, 14.426347 | Einkaufsmöglichkeiten Getränkeverkauf am Platz | Besondere Angebote Frühstück, Brötchenservice, Verleih von Fahrrädern und Booten, Mietunterkünfte | Anfahrt A 11 ab Berlin bis zur Ausfahrt 3 (Penkun) und dort links auf die B 113 bis Mescherin, noch vor dem Grenzübergang rechts in den Ort und bis zum südlichen Ende der Ortschaft durchfahren | Saison 1. April–31. Okt. | Kurz und knapp Kleiner Campingplatz in faszinierend ruhiger und abgeschiedener Lage, direkt am Nationalpark Unteres Odertal, mit einem neuen Sanitärgebäude, Verkauf von Angelkarten.

35 Königlicher Campingpark Sanssouci

Enkelhaltigkeit oder Nachhaltigkeit?

Seit einigen Jahren hört und liest man allerorten den Begriff Nachhaltigkeit. Doch Hand aufs Herz? Hat man den Begriff im letzten Jahrhundert so oft vernommen wie seit der Jahrhundertwende? Nachhaltigkeit ist natürlich gut und wichtig. Daher ist es mehr als positiv, zu sehen, dass das Wort oft zu lesen ist. Damit man aber bei der mittlerweile inflationären Verwendung dieses Begriffs noch auffällt, muss man sich schon etwas anderes, etwas Neues einfallen lassen. Das ist dem Königlichen Campingpark in Potsdam auf nachhaltige Weise wunderbar gelungen.

Bei dem Begriff Enkelhaltigkeit wird schnell klar, dass es um die Nachfahren geht, die eine gesunde und saubere Umwelt vorfinden beziehungsweise übernehmen sollen. Oder anders ausgedrückt: Der Campingpark Sanssouci, ganz in der Nähe des gleichnamigen Schlosses, setzt bei der Versorgung mit Strom auf Ökostrom aus Wasserkraft und Solarenergie. Dafür wurde er mit dem Klimapreis der Stadt Potsdam ausgezeichnet.

Doch der Campingplatz beweist sich nicht nur in Sachen Umweltschutz und damit verbundenen Wortschöpfungen. Auch der Umgang untereinander und die Bedeutung der Mitarbeiter für das Unternehmen werden großgeschrieben und offen kommuniziert. Und nicht nur das. Der Königliche Campingpark Sanssouci ist zugleich Ausbildungsbetrieb und bildet junge Menschen zur Kauffrau oder zum Kaufmann für Tourismus und Freizeit aus. Auch hierfür wurde der Campingpark in der Vergangenheit ausgezeichnet.

Man sieht: Camping ist nicht nur Erholung. Dahinter steckt ein Unternehmen, das Arbeitsplätze schafft, die Umwelt schützen und dabei gleichzeitig Verantwortung zeigen kann. Schön, wenn dieses Unternehmen beziehungsweise dieser Campingplatz dadurch nachhaltig ist – Entschuldigung, gemeint ist natürlich enkelhaltig.

Adresse An der Pirschheide 41, 14471 Potsdam, Tel. 0331/9510988, www.camping-potsdam.de, Koordinaten: 52.359718, 13.006110 | **Einkaufsmöglichkeiten** Lebensmittel und Camperbedarf am Platz | **Besondere Angebote** Restaurant, Fahrradverleih und vieles mehr | **Anfahrt** Ring-Autobahn 10 rund um Berlin und Potsdam im Süden an der Ausfahrt 17 (Michendorf) verlassen und über die B 2 bis Potsdam, dort auf die B 1 wechseln und durch Potsdam-West bis zum Campingpark am Templiner See | **Saison** ganzjährig | **Kurz und knapp** Großer und moderner Campingplatz mit umfangreicher Ausstattung, inklusive Shuttleservice zwischen dem Campingplatz und dem Bahnhof Potsdam, direkt am Ufer des Templiner Sees in schattiger Waldlage, nur wenige Kilometer vom Schloss Sanssouci und vom Zentrum Potsdams entfernt.

36 Campingpark Buntspecht

Der dunkelste Campingplatz Deutschlands

Eine Welt komplett ohne Lichtverschmutzung – das wäre einerseits schön für die Natur, andererseits heutzutage natürlich gar nicht mehr möglich. Lichtverschmutzung ist vielen Menschen aber noch relativ unbekannt. Gemeint sind damit die störenden Einflüsse auf die Umwelt durch künstliche Lichtquellen. Besonders schwerwiegende Folgen hat die Lichtverschmutzung für die Vogelwelt und die Insekten. Wenn diese sich bei ihrer Orientierung nach dem Licht richten, wird es für sie in einer rundum hell erleuchteten Umgebung schwierig und in vielen Fällen auch tödlich. Daher gilt die Lichtverschmutzung offiziell als Umweltverschmutzung. Betroffen sind davon 80 Prozent der Weltbevölkerung. Logisch, denn überall, wo Menschen siedeln, will man das nächtliche Leben mit Licht aufhellen und erleichtern.

Besonders deutlich wird die Lichtverschmutzung dann, wenn man nachts keine Sterne sehen kann. In Großstädten ist das mittlerweile Standard. Aber es gibt noch Regionen auf der Welt, die so wenig von Lichtverschmutzung betroffen sind, dass man sie als Sternenpark oder auf Englisch als Dark Sky Park bezeichnet. Zu den internationalen Dark Sky Places gehören zum Beispiel der Death Valley Nationalpark in Kalifornien und der Exmoor Nationalpark in England. In Deutschland wurde der Naturpark Westhavelland im Jahr 2011 als erstes Lichtschutzgebiet ausgewiesen. Das dortige Dorf Gülpe gilt als dunkelster Ort Deutschlands. Nur 15 Kilometer von Gülpe entfernt und immer noch im Naturpark befindet sich der Campingpark Buntspecht. Trotz des Namens und seiner vorhandenen Beleuchtung kann der Platz daher als der dunkelste Campingplatz Deutschlands bezeichnet werden. Hier hat man innerhalb des Landes noch die besten Möglichkeiten, den Sternenhimmel zu beobachten.

Im Campingpark Buntspecht gilt also: Licht aus im Wohnmobil und den Blick nach oben richten.

Adresse Weg zum Zeltplatz, 14715 Stechow-Ferchesar, Tel. 033874/90072, www.campingpark-buntspecht.de, Koordinaten: 52.654722, 12.429772 | **Einkaufsmöglichkeiten** SB-Shop am Platz | **Besondere Angebote** Verleih von Fahrrädern, Booten, E-Bikes, Kettcars, Kinderanimation | **Anfahrt** B 102 oder 188 bis Rathenow und weiter in den Naturpark bis zum Campingplatz nordöstlich der Ortschaft | **Saison** 15. April – 15. Okt. | **Kurz und knapp** Familiencampingplatz in ruhiger Waldlage und direkt am Ufer des Ferchesarer Sees, 190 Stellflächen sowie eine Zeltwiese und die Möglichkeit, einen Wohnwagen oder einen Bungalow zu mieten.

37__Reisemobilstellplatz Marina Coswig

Mitten im Weltkulturerbe

Deutschland besitzt 41 Weltkulturerbe- und drei Weltnaturerbestätten, die von der UNESCO als solche ausgezeichnet wurden (Stand 2018). Sie sind über das gesamte Land verteilt, lediglich um Sachsen scheint das Komitee der UNESCO einen großen Bogen zu machen. Das einzige Welterbe Sachsens befindet sich an der nordöstlichen Ecke des Bundeslandes, an der Grenze zu Brandenburg. Das andere Welterbe, das Dresdner Elbtal, wurde durch den Bau einer Brücke als weltweit bisher einziges Welterbe wieder von der Liste genommen.

Dafür gibt es aber in Sachsen-Anhalt eine Dichte an Welterbestätten, die sonst nur Berlin vorweisen kann. Und mittendrin befindet sich der Wohnmobilstellplatz Marina Coswig in wunderschöner Lage direkt an der Elbe. Von der Marina Coswig sind es nach Osten nur 14 Kilometer Luftlinie bis zur Lutherstadt Wittenberg. Die Gedenkstätten zu Martin Luther, wie zum Beispiel das Lutherhaus, wurden wegen der Reformation und der Gegenreformation als »herausragende Zeugnisse einer der bedeutendsten Epochen der (Kirchen-)Geschichte« 1996 in die Welterbeliste aufgenommen.

Die gleiche Entfernung legt man Richtung Westen zurück, um nach Dessau zu gelangen. Dort warten die Gebäude, die im Bauhausstil errichtet wurden und es zufälligerweise im selben Jahr auf die Welterbeliste geschafft haben. Im Jahr 2000 kam schließlich noch das »herausragende Beispiel der Landschaftsgestaltung im Geiste der Aufklärung« hinzu. Als Gartenreich Dessau-Wörlitz wurden zahlreiche Schlösser und Parks im näheren Umkreis geehrt. Zu guter Letzt bleibt noch die Elblandschaft, die als Biosphärenreservat von der UNESCO als schützenswürdig gilt. Der Stellplatz an der Marina Coswig mit Blick auf die langsam vorüberziehende Elbe ist also ein idealer Ausgangspunkt, um eine große Anzahl von UNESCO-Stätten zu besuchen und dabei gleichzeitig die Natur zu genießen.

Adresse Elbstraße 19, 06869 Coswig, Tel. 034903/496224, www.marina-coswig.de, Koordinaten: 51.880830, 12.435753 | **Einkaufsmöglichkeiten** Supermarkt 100 Meter entfernt | **Besondere Angebote** Gasflaschentausch, Fahrrad- und Schlauchbootverleih, Kanutouren | **Anfahrt** A 9, Ausfahrt 8 (Coswig), dann über die B 187 in den Ort, scharf rechts in die Elbstraße einbiegen und zur Marina am Elbufer fahren | **Saison** ganzjährig | **Kurz und knapp** Beliebter Stellplatz für mehr als 50 Reisemobile. Direkt an der Elbe gelegen. Neben den üblichen Ver- und Entsorgungseinrichtungen wird auch ein Brötchenservice angeboten, bei dem die gewünschten Backwaren direkt zum Wohnmobil gebracht werden.

38 WomoPark am Aasee

Achtung, Verwechslungsgefahr

Wenn die Betreiber Sonja und Michael Stahl auf einer Messe stehen und ihren Stellplatz bewerben, dann erleben sie es ganz oft, dass interessierte Reisende glauben, bereits am Aasee gewesen zu sein. Erst im Laufe des Gespräches ergibt sich, dass die potenziellen Besucher einen anderen Aasee meinen. Denn im westfälischen Münster gibt es ein etwas größeres gleichlautendes Gewässer, das jedoch deutlich bekannter ist. Und nur 30 Kilometer nördlich gibt es in Ibbenbüren sogar noch einen weiteren Aasee. Doch der WomoPark der Stahls befindet sich im westlichen Münsterland, genauer gesagt in Bocholt nahe der niederländischen Grenze.

Der im letzten Jahrhundert künstlich angelegte See in fußläufiger Entfernung zum Bocholter Zentrum bildet ein schönes Naherholungsgebiet mit ausgiebigen Spazier- und Fahrradwegen, Bootsverleih und einem Freibad. Kultur- und Geschichtsinteressierte überqueren lediglich die Straße und informieren sich im Textilmuseum über die Arbeitsabläufe in einem ehemaligen Textilbetrieb. Mehrere Webstühle bilden den Kern der Sammlung, und natürlich kann man sich im dazugehörigen Museumsshop mit Produkten wie zum Beispiel Geschirrtüchern eindecken, die im Wohnmobil sicherlich Verwendung finden.

Auch der großräumige Stellplatz lässt nichts vermissen. Den Sanitärbereich hat Michael Stahl selbst gebaut. Das dauerte zwar ein paar Jahre, weil er zudem noch in Vollzeit an anderer Stelle arbeitet, doch dafür ist die Übernachtung im WomoPark am Aasee unschlagbar günstig. Zumindest hierbei besteht keine Verwechslungsgefahr mit anderen Stellplätzen, die meist mehr für die Übernachtung verlangen.

Ach ja, und den Platz sollte man bitte auch nicht verwechseln mit dem belgischen Ort Bocholt, der sich nur knapp 100 Kilometer entfernt befindet, vom Stadtteil Bochold in der Ruhrmetropole Essen ganz zu schweigen.

Adresse Uhlandstraße 39, 46397 Bocholt, www.womopark-bocholt.de, Tel. 02871/2359199, Koordinaten: 51.835127, 6.631615 | Einkaufsmöglichkeiten in fußläufiger Umgebung | Anfahrt A 3, Ausfahrt Hamminkeln, B 473 und B 67 bis Dingdener Straße, weiter in Richtung LWL-Textilmuseum, Aasee und Stellplatz | Saison ganzjährig | Kurz und knapp Zentral gelegener Wohnmobilstellplatz mit 50 Plätzen. Sanitärbereich und WLAN bezahlt nur, wer sie benötigt. Die Rezeption ist täglich von 18 bis 20 Uhr besetzt.

39__Campingplatz Bambi

Klein, aber fein

Wer kennt ihn nicht, den Film »Bambi«? Der Disney-Klassiker war der fünfte abendfüllende Zeichentrickfilm der Walt Disney Studios und erschien im Jahr 1942. Die Geschichte dazu ist rund zwei Jahrzehnte älter und wurde in den frühen 1920er Jahren von dem Ungarn Felix Salten geschrieben. Unvergessen die Szene, in der die Mutter des kleinen Rehkitzes erschossen wird und Bambi im Schneetreiben erfährt, dass es nicht mehr auf seine Mutter warten müsse.

Seit dem Film steht das Wort Bambi im deutschen Sprachgebrauch für kleine und liebreizende Geschöpfe. Und genau so etwas erwartet man auch, wenn man sich für eine Übernachtung oder einen Urlaub auf dem Campingplatz Bambi entscheidet. Der Platz im Extertal, mitten im Drei-Städte-Eck von Hameln, Bad Oeynhausen und Detmold, enttäuscht dabei nicht. Er ist klein, überschaubar und liegt malerisch am Waldrand mit Blick über die angrenzenden Felder. Dass hier ein echtes Reh, eventuell mit einem Rehkitz in Begleitung, am Campingplatz vorbeiläuft oder in sicherer Entfernung steht, ist nicht auszuschließen.

Der Platz bietet keinen See oder Fluss, dafür gibt es jedoch im nächsten Ort ein Freibad. Und wenn man ein wenig in der Umgebung spazieren geht, trifft man auf kleinere Bäche, die durch das Unterholz des Waldes plätschern. Auch hier erwartet man jederzeit ein vorsichtig trinkendes Reh an den Ufern.

Der Campingplatz Bambi, der nahe der Grenze zwischen Nordrhein-Westfalen und Niedersachsen liegt, ist aber zugleich ein idealer Ausgangspunkt für Draisine-Fahrten im Extertal sowie für Besuche der Externsteine und des Schlosses Hämelschenburg, gebaut im Stil der Weserrenaissance.

Noch mehr Weserrenaissance erhält man in der nahe gelegenen Altstadt von Hameln. Dort trifft man natürlich auf den weltberühmten Rattenfänger. Aber das ist dann eine andere Geschichte, und die ist weniger niedlich als »Bambi«.

Adresse Hölmkeweg 1, 32699 Extertal, Tel. 05262/4343, www.camping-bambi.de, Koordinaten: 52.082948, 9.159555 | Einkaufsmöglichkeiten mit dem Fahrrad nach Eitertal | Besondere Angebote Grillplatz mit Feuerstelle | Anfahrt A 2, Ausfahrt Bad Eilsen-West, über die B 238 und kleinere Landstraßen bis Extertal beziehungsweise zum Campingplatz | Saison ganzjährig | Kurz und knapp Kleiner Campingplatz mit allen klassischen Einrichtungen wie WLAN, Kinderspielplatz, Brötchenservice, Sportmöglichkeiten und Gasflaschenverkauf.

40__Wohnmobilstellplatz Schenkenschanz

Von Wasser umgeben

Schon der Ortsname Schenkenschanz klingt wie ein abseits gelegenes Dorf fernab jeglicher Zivilisation und Touristenrouten. Der nächstgelegene Ort nennt sich Düffelward. Dieser Name könnte auch von der legendären Übersetzerin Erika Fuchs stammen, die zahlreiche kreative Eingebungen hatte, um die Sprache von Donald Duck & Co. humorvoll ins Deutsche zu übersetzen. Düffelward, ein Ortsteil von Entenhausen? Nein, Düffelward gehört zu Kleve, genauso wie Schenkenschanz. Damit befinden wir uns am Niederrhein in der Nähe von Emmerich.

Bis zum Jahr 2016 waren Düffelward und Schenkenschanz über eine kleine Autofähre miteinander verbunden. Sie pendelte über den Griethauser Altrhein, einen Altarm von Vater Rhein. Heute muss man auf der Deichstraße rund vier Kilometer bis Griethausen zurücklegen, um dort den Altrhein mittels Brücke zu überqueren. Nördlich von Schenkenschanz fließt der breite Rhein, der hier übrigens die Grenze zu den Niederlanden markiert. Das nördliche Ufer gehört bereits zum Nachbarland. Rhein und Altarm bilden eine Halbinsel, die überwiegend aus dem Naturschutzgebiet Salmort besteht. Und genau in diesem Naturschutzgebiet befindet sich das kleine Schenkenschanz mit gerade mal 100 Einwohnern und einem Wohnmobilstellplatz. Letzterer ist natürlich sehr einfach und Teil des örtlichen Parkplatzes außerhalb der Stadtmauer.

Richtig gelesen, Schenkenschanz besitzt eine Schutzmauer. Denn wenn der Rhein sein Flussbett verlässt, ist die gesamte Halbinsel überflutet. Das leicht erhöhte und von einer Mauer umgebene Schenkenschanz wirkt dann wie eine Hallig in der Nordsee. Diesen Anblick gibt es mittlerweile zwar nur noch sehr selten, dennoch ist Schenkenschanz vorbereitet und gibt auch bei Niedrigwasser einen schönen Anblick ab.

Adresse Martin-Schenk-Straße, 47533 Kleve-Schenkenschanz, Koordinaten: 51.835667, 6.112390 | **Einkaufsmöglichkeiten** Innenstadt fußläufig erreichbar | **Anfahrt** A 3 bis Emmerich, weiter über die B 220 nach Kleve beziehungsweise über die B 220n nach Kleve-Griethausen, hinter der Brücke links auf die Deichstraße bis Schenkenschanz | **Saison** ganzjährig | **Kurz und knapp** Einfacher, kleiner Übernachtungsplatz für maximal sechs Fahrzeuge, kostenlos, dafür aber keinerlei Ausstattung.

41 Camping Berger

Der älteste Campingplatz Deutschlands

Welches die älteste Stadt Deutschlands ist, ist nicht eindeutig geklärt und hängt unter anderem von verschiedenen Definitionen ab. Trier, Augsburg, Xanten, Worms und andere Städte beanspruchen diesen Titel für sich. Ähnlich ist es auch bei der Frage nach dem ältesten Campingplatz im Land. Eine 100-prozentige Aussage ist schwer. Doch eines steht fest: Es gibt nur einen Campingplatz, der das zumindest von sich behauptet. Und diesen gibt es bereits seit dem Jahr 1931. Genauer gesagt, seit dem 5. Mai 1931. Kanuten legten an diesem Tag am Gelände des Campingplatzes Berger am linken Rheinufer in Rodenkirchen an und wünschten eine Übernachtungsmöglichkeit. Heinrich Brüning war damals Reichskanzler in der Weimarer Republik, das Empire State Building in New York wurde vier Tage zuvor offiziell eröffnet und wird die nächsten 30 Jahre das höchste Gebäude der Welt sein, und Johannes Rau – später Ministerpräsident von Nordrhein-Westfalen sowie Bundespräsident – erblickte wenige Wochen zuvor das Licht der Welt.

Nach den Kanuten und einigen Zelturlaubern kam der Zweite Weltkrieg und der Wiederanfang inklusive Wirtschaftsaufschwung im gesamten Land. Geblieben ist die schöne Lage direkt am Rheinufer, doch Rodenkirchen gehört mittlerweile zu Köln. Vom Campingplatz aus legt man die rund acht Kilometer bis zum Dom in einer knappen halben Stunde auf dem Rheinradweg zurück.

Vieles hat sich seit der Gründung im Jahr 1931 natürlich verändert, doch weitgehend erhalten ist die Umgebung mit Feldern und Wäldern und der Blick vom Campingplatz auf den Fluss. Kaum zu spüren, dass man sich in der Nähe einer Millionenstadt aufhält, auch wenn gleich gegenüber am anderen Rheinufer die Wohnhäuser des Ortsteils Westhoven zu sehen sind. Zugenommen hat natürlich der Schiffsverkehr, doch zwischen Flusskreuzfahrern und Frachtschiffen tauchen hin und wieder immer noch Kanufahrer auf. Und auf dem Rheinradweg gelangt man schnell zum Dom. Der ist noch älter als der Platz.

Adresse Uferstraße 71, 50996 Köln, Tel. 0221/9355240, www.camping-berger-koeln.de, Koordinaten: 50.890811, 7.022970 | Einkaufsmöglichkeiten im Zentrum von Rodenkirchen, fußläufig erreichbar | Besondere Angebote Fahrradverleih, Biergarten | Anfahrt am Autobahnkreuz Köln-Süd von der A 4 auf die A 555 wechseln und in Richtung Köln fahren, am folgenden Autobahnende auf die B 51 fahren und vor dem Rheinufer scharf rechts auf die Uferstraße wechseln, unter der Autobahnbrücke hindurch und im Ortsteil Rodenkirchen vorbei bis zum Platz | Saison ganzjährig, nur um Weihnachten rum eventuell ein paar Tage geschlossen | Kurz und knapp Gepflegter Campingplatz mit üblicher Standardausstattung, nur durch einen schmalen Gehweg vom Rheinufer abgetrennt, großzügige Parzellen, zum Teil schattig unter Bäumen, Blick auf den Rhein natürlich nur aus der ersten Reihe.

42 Wohnmobilstellplatz Kranenburg

Tief im Westen …

Gar nicht so einfach, den westlichsten Camping- oder Wohnmobilstellplatz Deutschlands zu benennen. Aufgrund der ungleichförmigen Grenze zwischen Deutschland und den Niederlanden kommen gleich mehrere Plätze in Frage. Die Grenzen zu den anderen Ländern kann man dabei komplett außer Acht lassen, da diese deutlich weiter östlich verlaufen.

Blicken wir auf den westlichsten Punkt Deutschlands im sogenannten Selfkant. Der Grenzübergang in die Niederlande an der kleinen Landstraße bei Sittard beherbergt eine Markierung für den westlichsten Ort des Landes. Dieser befindet sich auf 5°51 Ost. Doch eine Übernachtungsmöglichkeit für Campingtouristen sucht man hier vergeblich.

Der nächstgelegene Campingplatz befindet sich am Effelder Waldsee, rund 18 Kilometer nordöstlich. Die Zufahrt liegt auf 6°05'59" Ost. Ein abendlicher Spaziergang ins Nachbarland stellt hier also kein Problem dar.

Doch etwas weiter südlich befindet sich, ebenfalls an einem See, der Wohnmobilstellplatz in Heinsberg. Die Koordinaten der Zufahrt lauten 6°05'36" Ost, damit befindet sich der Stellplatz rund 300 Meter weiter westlich als der Campingplatz. Nicht vergessen darf man aber die westlichste Großstadt Deutschlands. In Aachen, südöstlich (!) der Altstadt, wartet ebenfalls ein Wohnmobilstellplatz auf seine Gäste, genauer gesagt auf dem Längengrad 6°06'09". Das ist sehr weit westlich, aber eben nicht ausreichend, um ganz im Westen zu liegen. Der überraschende Gewinner befindet sich ganz woanders: 83 Kilometer nördlich des westlichsten Punktes liegt der Wohnmobilstellplatz Kranenburg. Seine Zufahrt liegt exakt auf 6°00 Ost. Wer also mit dem Wohnmobil am westlichsten übernachten möchte, muss auf den Besuch im Selfkant verzichten und zum Niederrhein in den Kreis Kleve fahren.

Adresse Alde Börg/Großen Haag, 47559 Kranenburg, Koordinaten: 51.792498, 6.010782 | **Einkaufsmöglichkeiten** zu Fuß in wenigen Minuten erreichbar | **Anfahrt** Kleve westwärts auf der B 9 verlassen und am Kreisverkehr in Kranenburg weiter geradeaus in den Ort hinein, am nächsten Kreisverkehr am Rathaus die erste Ausfahrt nehmen und dem Straßenverlauf bis hinter den Sportplatz folgen | **Saison** ganzjährig | **Kurz und knapp** Einfacher Wohnmobilstellplatz am Nordrand der kleinen niederrheinischen Ortschaft. Schotterrasen mit Stromanschluss für zwölf Fahrzeuge. Der Platz ist aber groß genug für weitere Fahrzeuge, die ohne Stromanschluss auskommen. Eine Entsorgungsmöglichkeit und Frischwasser befinden sich wenige hundert Meter entfernt, noch weiter westlich, am Feuerwehrgerätehaus in der Tiggelstraße.

43_Wohnmobilstellplatz Nordkirchen

Ein Reisejournalist baut einen Reisemobilstellplatz

Kennen Sie Michael Moll? Nein? Dann schlagen Sie das Buch zu und werfen Sie einen Blick auf das Cover. So, jetzt kennen Sie Michael Moll. Wenn ich mich vorstellen darf? Ich bin Reisejournalist und habe eine Vielzahl an Reiseführern geschrieben, seien es Bücher für Wanderer, Pilger oder Fahrradurlauber. Aber ich bin auch verantwortlich für so einige Reiseführer, die sich an Wohnmobiltouristen richten. Kein Wunder, ich bin selber Wohnmobilfahrer. Seit vielen Jahren. Drei Jahre hatte ich sogar meinen Lebensmittelpunkt in einem Wohnmobil. Oder platt ausgedrückt: Ich lebte im Wohnmobil.

Jetzt fragen Sie sich zu Recht, warum ich Ihnen das erzähle. Nun, im Jahr 2016 folgte das, was nach vielen Jahren des wohnmobilen Reisens folgen musste: Meine Frau und ich investierten in den Bau eines eigenen Wohnmobilstellplatzes und erfüllten uns damit einen lange gehegten Traum. Seither bieten wir in Nordkirchen, im südlichen Münsterland zwischen Münster und Dortmund, 23 Stellflächen für Wohnmobile an und freuen uns natürlich, wenn wir Gäste und Leser meiner Bücher begrüßen dürfen.

Die erste Anlaufstelle auf dem Stellplatz ist das Fasshaus. Der vordere Bereich ist für die Gäste geöffnet, auch wenn wir mal nicht anwesend sind. Dort gibt es neben der Anmeldung einen öffentlichen Bücherschrank, Teebeutel zum Entspannen nach der Anreise und die beliebten »Betthupferl to go«. Wir können ja nicht zu jedem ins Wohnmobil-Schlafzimmer und sie auf das Kopfkissen legen. Die Stellflächen haben wir liebevoll gestaltet und mit Informationen zum Wohnmobilreisen aufgelockert. Außerdem hoffen wir natürlich, dass Ihnen die großformatigen Plakate mit Bildern von unseren Reisen gefallen. Ach ja, und 600 Meter neben dem Stellplatz gibt es noch das Barockschloss Nordkirchen, auch Westfälisches Versailles genannt. Das ist nicht von uns, aber auch schön.

Adresse Am Gorbach 10a, 59394 Nordkirchen, Tel. 0171/4367707, www.wohnmobilstellplatz-nordkirchen.de, Koordinaten: 51.740253, 7.533952 | Einkaufsmöglichkeiten 500 Meter zu mehreren Supermärkten im Ort | Besondere Angebote Multimediashows von spannenden Reisen mit eindrücklichen Bildern, Videos und Anekdoten | Anfahrt A 1, Ausfahrt 79 (Ascheberg), B 58 Richtung Lüdinghausen, Münsterstraße Richtung Nordkirchen | Saison ganzjährig | Kurz und knapp 22 Stellflächen auf Schotter, Ver- und Entsorgungsstation, ganzjährig geöffnet, WLAN vorhanden.

44_Camping Rursee

Viel zu tun

Im Jahr 1960 begann die Geschichte des Campingplatzes am Rursee. Damals, als der See ein noch junges Gewässer war, war er Eigentum der Gemeinde. Die Staumauer wurde erst im Jahr zuvor auf die heutige Größe erhöht. Zuvor war der in den 1930er Jahren entstandene See nur halb so groß.

Seit 2014 ist der einstige Gemeindecampingplatz nun in der Hand der Familie Bauer, die ihn liebevoll und familiär führt. Er befindet sich am Uferrand eines kleinen Seitenarms zwischen den Ortschaften Rurberg und Woffelsbach und damit in abgeschiedener Lage. Lediglich die Zweiräder auf der nahe gelegenen Landstraße stören das Idyll wie jedoch überall am Rursee. Aber bei einer Übernachtung auf dem Campingplatz ist man ohnehin die gesamte Zeit beschäftigt. Denn direkt auf dem Platz wird das Stand-up-Paddeln, kurz SUP genannt, angeboten. Hierbei paddelt man stehend auf einer Art Surfbrett. »Explore & Chill«, also entdecken und entspannen, lautet das Motto, unter dem man verschiedene Kurse belegen kann.

Kurse gibt es von der eineinhalbstündigen Einführung für Anfänger bis zur Vollmond-Tour, die logischerweise nur einmal im Monat angeboten wird. Dafür werden diese auch in der kalten Jahreszeit im November und Dezember durchgeführt. Im Anschluss steht dann die mit Holz befeuerte Fasssauna zum Aufwärmen zur Verfügung.

Außerhalb des Campingplatzes stehen zahlreiche Wanderwege und Radwege für die Freizeitbeschäftigung bereit. Ein Teil des Eifelsteigs verläuft am anderen Seeufer und unter anderem durch die sehenswerte Wüstung Wollseifen auf der Dreiborner Hochfläche. Durch jahrzehntelange Nutzung des Militärs hat sich dort ein Kleinod der Natur entwickelt, das vor allen Dingen durch das sogenannte Eifelgold, auch als Ginster bekannt, glänzt. Nicht ohne Grund ist das Gebiet zum Nationalpark Eifel erklärt worden.

Adresse Seerandweg 26, 52152 Simmerath, Tel. 02473/2365, www.camping-rursee.de, Koordinaten: 50.617750, 6.376843 | **Einkaufsmöglichkeiten** Ein bisschen was gibt es an der Rezeption. | **Besondere Angebote** Schlaffass, Sauna, SUP in allen Variationen | **Anfahrt** A 44 in Aachen-Lichtenbusch verlassen und auf der B 258 und B 399 bis Lammersdorf, dabei fährt man ein kurzes Stück über belgisches Gebiet, weiter auf der B 266 bis Kesternich und dort auf die Rurberger Straße bis Rurberg | **Saison** circa März–Nov., bitte Homepage beachten | **Kurz und knapp** Kleiner Campingplatz mit freundlichen Betreibern an einem Seitenarm des Rurstausees. Daher sieht man am Platz nur einen kleinen Teil des Sees. Die Sanitäranlagen sind gepflegt und sauber, jedoch schon etwas in die Jahre gekommen.

45__Camping Grav-Insel

Der größte Campingplatz Deutschlands

Hand aufs Herz: Den größten Campingplatz Deutschlands würde man vermutlich an der Nord- oder Ostseeküste vermuten, richtig? Oder vielleicht in höheren Lagen mit zahlreichen Wandermöglichkeiten in den Bergen und an einem See. Doch weit gefehlt. Der größte Campingplatz Deutschlands befindet sich dort, wo es die höchste Bevölkerungsdichte gibt – in Nordrhein-Westfalen. Genauer gesagt am Niederrhein auf einer Halbinsel bei Wesel, das Ruhrgebiet ist nur wenige Kilometer entfernt.

Die Ausmaße dieses Campingplatzes sind in der Tat beachtlich. Von Ost nach West sind es rund eineinhalb Kilometer, die der Platz in Anspruch nimmt. Seine Nord-Süd-Ausdehnung beträgt immer noch über 400 Meter. Dazwischen befinden sich knapp 2.000 Parzellen, überwiegend für Dauercamper. Tagestouristen finden Platz an einem Altarm des Rheins. Will man als Gast abends noch einen gemütlichen Bummel über den gesamten Campingplatz machen, dann sollte man besser schon am Mittag starten. Rund 15 Kilometer würde man nämlich zurücklegen, wenn man jeden Weg des Campingplatzes begehen möchte. Kleinere Verbindungssträßchen sind dabei erst gar nicht mit berücksichtigt. Allein der Parkplatz vor dem Campingplatz ist so groß wie manch ein Campingplatz an anderer Stelle.

Haben andere Campingplätze einen kleinen Shop, so ist es hier gleich ein ganzer Supermarkt. Ein Bankautomat, ein Streichelzoo, zwei Restaurants und sogar ein eigenes Unfallhilfe-Zentrum mit eigenem Rettungswagen stehen bereit. Kein Wunder bei bis zu 15.000 Übernachtungsgästen in der Hochsaison – pro Tag versteht sich. Der Platz ist eine kleine Stadt für sich und wurde nicht ohne Grund in diversen TV-Dokus vorgestellt. Selbst auf Wikipedia gibt es einen Artikel über die Anlage. Die Aussage, man fahre rauf aufs Land, wenn man zur Grav-Insel reist, ist daher möglicherweise nicht ganz korrekt.

Adresse Gravinsel 1, 46487 Wesel, Tel. 0281/972830, www.grav-insel.com, Koordinaten: 50.617750, 6.376843 | Einkaufsmöglichkeiten Bäckerei und Supermarkt (mit Winterpause) | Besondere Angebote eigentlich alles, was so eine (Klein-)Stadt bieten kann … | Anfahrt A 3, Ausfahrt 6 nach Wesel, weiter über die B 58 bis Wesel, im Ort der B 8 folgen und diese an der Reeser Landstraße verlassen, von dort der Beschilderung zur Grav-Insel folgen | Saison ganzjährig | Kurz und knapp Eine Übernachtung auf dem größten Campingplatz Deutschlands inmitten von 2.000 Parzellen für Dauercamper und 500 Plätzen für Tagestouristen muss man wollen. Auf dem Campingplatz mangelt es aber daher an nichts, und man findet auch als Wohnmobilist ein ruhiges Plätzchen.

46 WomoPark Xanten

Ein Stellplatz, der polarisiert

Der WomoPark in Xanten ist ein Wohnmobilstellplatz, der anscheinend nicht so recht weiß, was er will. Offensichtlich will er polarisieren, und genau deshalb sollte man ihn mal besucht haben – um sich ein eigenes Bild zu machen. Ein Teil der Gäste empfindet den Platz als traumhaft, der andere Teil findet nicht nur ein Haar in der Suppe, sondern übt Kritik, die berechtigt sein könnte.

Vom Platz in die Innenstadt ist es nur ein knapper Kilometer. Von dort aus ist es bloß ein Katzensprung zum Archäologischen Park. Nicht viel weiter ist der Rhein entfernt, der mit seinem Radweg lockt. Und auch die sogenannte Bislicher Insel mit ihrer Vogelbeobachtungsstation inmitten eines Naturschutzgebiets ist mit dem Rad gut erreichbar. Es gibt also vielfältige Gründe, nach Xanten zu reisen.

Vielfältig ist auch der Stellplatz. Hat man die enge Passage bei der Einfahrt geschafft, steuert man sein Wohnmobil auf einen zunächst mal normalen Stellplatz. Ist dieser jedoch voll, bleibt nur der Ausweichplatz, den man sich unter Umständen mit abgestellten Kirmeswagen in enger Nachbarschaft zum nächsten Wohnmobil teilt. Außerdem befindet sich hier die Entsorgungsstation. Ein oft vernommener Kritikpunkt: Man fühle sich wie ein Gast zweiter Wahl.

Das Herzstück ist das sehr moderne Sanitärgebäude. Komfort wird großgeschrieben. Gleich daneben der beliebte Wintergarten, in dem man sich zum Klönen trifft. Und nicht vergessen werden darf das mediterrane Ambiente rund um die Wellness-Oase. Hier entspannt man entweder in der Salzgrotte oder in der Privatsauna, die zum Stellplatz hinzugebucht werden kann. Man vergisst, dass man »nur« auf einem Wohnmobilstellplatz nächtigt. Der Übergang zum Campingplatz ist geschafft. Allerdings auch preislich, wenn man alle Einzelposten zusammenrechnet. Auch das wird von Gästen oft angesprochen. Wie gesagt: Der Platz polarisiert, man sollte ihn aber erlebt haben.

Adresse Fürstenberg 6, 46509 Xanten, Tel. 02804/219588, www.womopark-xanten.de, Koordinaten: 51.654512, 6.464723 | **Einkaufsmöglichkeiten** Zentrum fußläufig erreichbar | **Besondere Angebote** auch für Wohnwagen | **Anfahrt** A 57, Ausfahrt Sonsbeck, durch den Ort hindurch nach Xanten, oder über die B 57 ab Rheinberg | **Saison** ganzjährig | **Kurz und knapp** Großer Wohnmobilstellplatz mit mehr als 100 Plätzen. Sollten alle Plätze belegt sein, wird man auf einen weniger ansehnlichen Ausweichplatz verwiesen. Sehr schönes Sanitärgebäude, das für diese Belegung aber fast schon zu klein ist. Außerdem gibt es einen Wellnessbereich und das sogenannte WoWaTel. In diesem Wohnwagenhotel kann man einen Wohnwagen buchen und darin übernachten. Alles in allem mehr Campingplatz als Wohnmobilstellplatz.

47_Reisemobilhafen Twistesee

Leuchtturm in der Region

Ein Leuchtturm mitten in Deutschland – sowohl im übertragenen als auch im wörtlichen Sinne. Der Reisemobilhafen am Twistesee hat es geschafft, innerhalb weniger Jahre zu einem der beliebtesten Stellplätze Deutschlands zu werden. Sigrid und Ludwig Stümpel schufen oberhalb des Twistesees bei Bad Arolsen einen Platz mit über 100 Stellflächen. Von vielen Plätzen aus hat man einen tollen Blick über das Gewässer. Passend also, dass man hier wenige Jahre nach der Eröffnung auch noch einen schönen Leuchtturm in den klassischen Farben Rot und Weiß aufstellte.

Das Betreiber-Ehepaar hat in den Jahren schon einiges erlebt, so wie jeder Betreiber eines Camping- oder Wohnmobilstellplatzes viel zu erzählen hat. Und Sigrid Stümpel hat sich alles notiert und in Buchform gebracht. Entstanden ist daraus ein kleines Werk voller Anekdoten und Geschichten über Wohnmobilreisende für Wohnmobilreisende. Wer sich in diesem Buch wiedererkennt, der hat es wohl auch verdient, darin beschrieben zu werden. Für alle anderen Leser gilt, dass man damit viel leichter über seinen Platznachbarn schmunzeln kann, wenn dieser wieder etwas anstellt, bei dem man sonst große Augen bekommt.

Aber nicht nur die Landschaft ist toll und das Buch lesenswert. Auch der Stellplatz präsentiert sich beinahe makellos. Nicht umsonst wurde der Platz in seiner Kategorie schon mehrfach zum schönsten Deutschlands gewählt. Vermutlich dürften das auch die Vierbeiner finden, denn gleich vor der ersten Reihe befindet sich ein weitläufiger Hundestrand am Ufer des Twistesees. Dem Platz mangelt es an nichts, und das Sanitärgebäude ist sogar mit Fußbodenheizung ausgestattet.

So kann man auch im Winter wunderbare Tage am Twistesee verbringen. Idealerweise zieht man sich dabei gemütlich in sein Wohnmobil zurück und schmökert entweder weiter in diesem Buch oder in dem Werk von Sigrid Stümpel.

Adresse Bericher Seeweg 1, 34454 Bad Arolsen, Tel. 05691/8069383, www.reisemobilhafen-twistesee.de, Koordinaten: 51.383804, 9.065552 | **Einkaufsmöglichkeiten** nur in Bad Arolsen, 30 Minuten mit dem Rad | **Besondere Angebote** Grillen und Hunde erlaubt, behindertengerechte Toilette und Dusche, Kiosk/Imbiss mit Außenterrasse und 50 Sitzplätzen, Hundestrand, Brötchenservice in den Sommermonaten, Autoverleih | **Anfahrt** A 44 zwischen Kassel und Dortmund, Ausfahrt 66 Warburg, Brakel, Volkmarsen nutzen und in Richtung Bad Arolsen weiterfahren. Der Stellplatz befindet sich im östlich gelegenen Ortsteil Wetterburg. | **Saison** ganzjährig | **Kurz und knapp** Großer Stellplatz mit über 100 geschotterten, parzellierten Stellflächen, schöner Blick auf den See, Ver- und Entsorgung sowie Sanitärgebäude vorhanden.

48 Campingplatz Bad Karlshafen

Camping unter dem Skywalk

Der Campingplatz in Bad Karlshafen hat alles, was man sich als aktiver Mensch so wünscht. Zugegeben, der Campingplatz besitzt die klassischen Einrichtungen, die viele Campingplätze anbieten. Dazu zählen ein Minimarkt und sogar ein kleiner Backshop. Deutlich hebt er sich von anderen Plätzen aber dadurch ab, dass gleich nebenan ein großer Campingshop sämtliche Produkte aus dem Bereich Camping anbietet. Von der WC-Flüssigkeit über Campingstühle bis hin zu Vorzelten lässt das Geschäft nichts vermissen. Selbst eine Werkstatt ist vorhanden, sodass das Equipment gleich vor Ort eingebaut wird oder man diverse Reparaturarbeiten durchführen lassen kann.

Und die Lage des Campingplatzes? Passt wunderbar. Er liegt in einer Schleife der Weser, gleich gegenüber dem Kurort Bad Karlshafen und mit Blick auf die Mündung der Diemel in die Weser. Über die Straßenbrücke gelangt man in das gemütliche Stadtzentrum, wo man sich im Deutschen Hugenottenmuseum über die Geschichte der französischen Protestanten informieren kann. Auf dem Museumspfad wandert man zu den Sehenswürdigkeiten der Stadt und hinauf zum Hugenottenturm. Von dort aus hat man einen schönen Blick auf den gegenüberliegenden Campingplatz. Nur wenige Schritte sind es bis zum historischen Dreiländereck, das sich im Wald verbirgt.

Das aktuelle Dreiländereck, nämlich von Hessen, Niedersachsen und Nordrhein-Westfalen, erreicht man auf der anderen Weserseite, also auch sehr gut vom Campingplatz aus. Dort sollte man ohnehin unbedingt einen Abstecher zu den Hannoverschen Klippen machen. Denn am Weser-Skywalk steht man auf einer Aussichtsplattform, die über den Klippen zu schweben scheint und einen spektakulären Blick auf das Wesertal ermöglicht. Der Campingplatz, den man von dort selbstverständlich auch gut im Blick hat, bietet also wirklich alles, was man sich wünschen kann.

Adresse Am Rechten Weserufer 2, 34385 Bad Karlshafen, Tel. 05672/710, www.camper-karli-event.de, Koordinaten: 51.644099, 9.447448 | **Einkaufsmöglichkeiten** Lebensmittelladen (Gutkauf) mit Backshop auf dem Platz, Fritz-Berger-Campingshop | **Besondere Angebote** Restaurant mit Biergarten, Mietwohnwagen, Mobilheime | **Anfahrt** B 80 durch das Wesertal zwischen Höxter und Hann. Münden | **Saison** ganzjährig | **Kurz und knapp** Großer Campingplatz mit direkter Lage am Weserufer und rund 300 Stellflächen. Die Rasenflächen erstrecken sich entlang der Weser und bieten einen tollen Blick auf die Ortschaft.

49_Stellplatz Marburg

Camping in der Pferdebox

Klassische Wohnmobilstellplätze, die von einer Stadt oder Gemeinde angelegt wurden und nicht aus privater Hand stammen, sind nicht selten mit Vorsicht zu genießen. In vielen Fällen hat die öffentliche Verwaltung nach langen Stadtratssitzungen zwar Geld investiert und einen Wohnmobilstellplatz angelegt. Doch oftmals handelt es sich in solchen Fällen um einen abgetrennten Teil eines bereits vorhandenen Parkplatzes. Dort wurde dann ein entsprechendes Schild aufgestellt und im besseren Fall auch Stromsäulen und eine Ver- und Entsorgungsstation installiert.

Dennoch wirken solche Plätze nicht immer einladend.

Erst recht nicht, wenn sie ein oder zwei Mal im Jahr als Kirmes- und Veranstaltungsplatz genutzt werden. Unschön, wenn man nach langer Fahrt feststellt, dass der anvisierte Erholungsplatz von einem Schützenfest blockiert wird. In anderen Fällen hapert es manchmal daran, dass nach der einmaligen Investition der Platz sich selber überlassen wird. Auf die fehlende Pflege folgt dann meist der Verfall.

Das hessische Marburg hat indes einen Platz eingerichtet, der ein wenig kurios wirkt. Er befindet sich eingebettet zwischen Sportplatz, Jugendherberge, Bundesstraße und Wohnviertel. Es gibt definitiv schönere Lagen. Dafür ist man nach wenigen Schritten am Ufer der Lahn und kann auf dem Uferweg bequem die sehenswerte Altstadt inklusive der Oberstadt mit Schloss erreichen.

Die einzelnen Stellplätze des nicht ganz günstigen und leider auch nicht sehr leisen Stellplatzes befinden sich nebeneinander an einer wenig befahrenen Straße. Doch hier hat man im Stadtsäckel eindeutig mehr Geld zur Verfügung gehabt als anderswo. Denn jeder Stellplatz ist von seinem Nachbarn mit einem kleinen, hüfthohen Holzzaun abgetrennt. Somit kann man seine 170 Pferdestärken in einer Art Pferdebox abstellen. Das wirkt irgendwie nett, aber eben auch sehr ungewöhnlich.

Adresse Jahnstraße, 35037 Marburg, Koordinaten: 50.803477, 8.775577 | **Einkaufsmöglichkeiten** Zentrum fußläufig erreichbar | **Anfahrt** A 5 bis zum Reiskirchener Dreieck bei Gießen und weiter auf der A 480 und der B 3 bis Marburg-Zentrum, dort in Richtung Schwimmbad, Sportzentrum und Stellplatz, in der Sommerbadstraße rechts in die Jahnstraße einbiegen. Die »Pferdeboxen« auf der rechten Seite sind nicht zu übersehen. | **Saison** ganzjährig | **Kurz und knapp** Einfacher Übernachtungsplatz in fußläufiger Lage zur Altstadt. Abends eventuell Lärm von der nahen Jugendherberge und dem Sportplatz. Die Ver- und Entsorgungssäule wurde ebenfalls kurios in einer Pferdebox eingezäunt.

50_Reisemobilpark Urbachtal

Übernachten und veredeln

Wer mit dem Wohnmobil über die Deutsche Märchenstraße nach Neukirchen fährt, muss damit rechnen, dass das Fahrzeug im Anschluss eleganter ist als vorher. Der Reisemobilpark Urbachtal ist in der Hand des Unternehmers Klaus Hünerkopf. Dieser leitet die gleichnamige Premium-Manufaktur, in der ohnehin schon hochwertige Reisemobile zu wahren Luxusfahrzeugen aus- und umgebaut werden. Sogenannte Slideouts, bei denen die Außenwände noch weiter ausgefahren werden können, oder Allradfahrzeuge, die innen besser ausgestattet sind als so manche Eigentumswohnung, gehören zum Programm des Wohnmobil-Veredelers.

In regelmäßigen Abständen werden Werksführungen organisiert, bei denen der Chef persönlich durch die Werkshallen leitet und die einzelnen Arbeitsschritte erläutert. Doch auch der dazugehörige Wohnmobilstellplatz hat so einiges zu bieten. Dass die Firma Hünerkopf im Innenausbau tätig ist, merkt man unter anderem am Sanitärbereich, der sich von vielen anderen durch seine hochwertige Ausstattung abhebt.

Besonders beliebt bei den Gästen ist die Schwälmer Stubb. Im rustikal-gemütlichen Ambiente oder auf der großen Terrasse kann man sich mit einem Spanferkelessen oder geräucherten Forellen verwöhnen lassen. Im Dachgeschoss befinden sich weitere Räumlichkeiten, die für gemeinsame Feierlichkeiten angemietet werden können.

So wurden hier auch schon Hochzeiten von Wohnmobilgästen gefeiert. Kurz gesagt, man kann in Neukirchen also nicht nur sein Wohnmobil veredeln, sondern auch seine Partnerschaft. Wer das schon hinter sich hat, ist in Neukirchen jedoch ebenfalls gut aufgehoben. Zahlreiche Radwege und Wanderwege locken in das umliegende Knüllgebirge, und der historische Marktplatz von Neukirchen ist auch ganz ohne Veredelung sehenswert. Besonders empfehlenswert ist das Märchenhaus mit dem Aufstieg in den Stadtturm.

Adresse Urbachweg 1, 34626 Neukirchen, Tel. 06694/5155933, www.reisemobilpark-urbachtal.de, Koordinaten: 50.871756, 9.349262 | Einkaufsmöglichkeiten 300 Meter entfernt | Besondere Angebote Brötchenservice, Grillstation, E-Bike-Verleih, Mietwagen, Jausenstation | Anfahrt A 7, Ausfahrt Kirchheim und über die B 454 bis Neukirchen, im Ort rechts zum Stellplatz fahren | Saison ganzjährig | Kurz und knapp 49 Stellplätze auf Schotterrasen, die auch Platz für sogenannte Dickschiffe bieten. Toiletten, Duschen und Ver- und Entsorgung sind natürlich vorhanden und ebenfalls großzügig angelegt. Leckere Speisen gibt es in der platzeigenen Schwälmer Stubb.

51_Camping- und Ferienpark Teichmann

Wenn es etwas mehr werden darf

Wenn man im Netz unterwegs ist, wird man irgendwo immer wieder auf dieselbe Frage stoßen: Wollen wir uns treffen? Ob das nun ein Reiseforum für Fernradler ist oder eine Facebook-Gruppe, in der sich die Besitzer eines bestimmten Wohnmobiltyps unterhalten – oft besteht das Bedürfnis, seine gemeinsamen Online-Aktivitäten auch in die reale Welt zu übertragen. So kann man sich doch gleich viel besser austauschen, und es entstanden auf diese Weise bereits viele langjährige Freundschaften, sogar Familien.

Zur Diskussion steht dann neben einem geeigneten Zeitpunkt auch die Frage nach dem Ort. Zentral sollte er sein, damit möglichst vielen Usern und Gruppenmitgliedern die Anfahrt erleichtert wird. Schön gelegen muss er aber auch sein. Und natürlich sollte der Campingplatz eine gewisse Größe bieten, wenn beispielsweise eine Interessengruppe aus den sozialen Netzwerken mit über 200 Fahrzeugen anreist.

In vielen Fällen hat sich hierfür der Ferienpark Teichmann am Edersee als ideal herausgestellt. Der Edersee im nördlichen Hessen liegt ziemlich zentral in Deutschland und ist zudem landschaftlich attraktiv. Der Campingplatz westlich des Sees hat sich mittlerweile auf die zahlreichen Clubtreffen eingestellt und empfängt schon mal VW-Bullis oder Wohnwagengespanne der Marke Dethleffs. Aber auch Treffen mit gewöhnlichen Fahrzeugen, deren Insassen im Zelt übernachten, sind beinahe an der Tagesordnung. Für einen angenehmen Aufenthalt ist bei schlechterem Wetter mit einer überdachten Grillhütte gesorgt, die Platz für 200 Personen bietet. Brennholz und Feuerschalen werden außerdem organisiert. Und wenn mal kein Gruppentreffen stattfindet, dann gibt es zahlreiche Veranstaltungen seitens des Campingplatzes. Das kann schon mal ein Lagerfeuerabend sein oder die wöchentliche mobile Kirche auf dem Platz. Für Abwechslung ist also immer gesorgt.

Adresse Zum Träumen 1a, 34516 Vöhl-Herzhausen, www.camping-teichmann.de, Koordinaten: 51.174909, 8.891375 | Einkaufsmöglichkeiten Minimarkt, Campershop | Anfahrt A 44, Ausfahrt 67 (Zierenberg) und weiter über die B 251 bis kurz vor Korbach, dort auf die B 252 wechseln und zum Campingplatz | Saison ganzjährig | Kurz und knapp Gastronomie, Einkaufsmöglichkeit, Kiosk, Mietfahrräder, WLAN, Gasflaschentausch, Strand am Ederufer – der Platz bietet alles, was man sich wünschen kann.

52 Campingplatz Wetzlar

Kanu fahren an der Lahn

Viele Camper fahren nicht nur Wohnmobil oder Wohnwagen, sondern sind am Ankunftsort auch aktiv. An erster Stelle könnte hier das Wandern stehen, weil man hierfür in der Regel nur wenig Ausrüstung und Material benötigt. Doch die meisten Camper setzen sich dennoch lieber in den Sattel und lernen den Urlaubsort per Fahrrad kennen.

Beliebt ist aber auch die Fortbewegung auf dem Wasser, und für diese Möglichkeit bietet sich beispielhaft der Campingplatz Wetzlar an. Beispielhaft deshalb, weil es in ganz Deutschland natürlich viele Camping- und Wohnmobilstellplätze gibt, die am Ufer eines Flusses liegen.

Manche von ihnen besitzen sogar eine Einstiegsstelle für Kanus direkt am Platz, aber nur wenige haben auch gleich einen Kanu- und Kajakverleih am Campingplatz. Der Campingplatz in Wetzlar ist so einer. Geschäftsführerin Antonia Lüdeke betreibt sowohl den charmanten Campingplatz mit direkter Lage am Ufer der Lahn als auch den auf dem Platz ansässigen Kanuverleih. Wer will, kann hier eine Eintages- oder auch Mehrtagestour buchen. Das Fahrtgebiet auf der Lahn erstreckt sich von Marburg bis Limburg, und so ziemlich mittendrin befindet sich Wetzlar mit dem Campingplatz. So kann man den Bereich entweder komplett kennenlernen, oder man startet mit einem Schnupperpaddeln rund um Wetzlar.

Kann man sich nicht so sonderlich mit dem Vergnügen auf dem Wasser anfreunden, dann bleibt aber immer noch die Sache mit dem Fahrrad. Denn direkt am Lahnufer und damit am Campingplatz verläuft der Lahntalradweg, auf dem man ostwärts bis zur Quelle und westwärts bis zur Mündung der Lahn in den Rhein radeln könnte. Und zu guter Letzt bleibt noch das Wandern – und wenn es nur bis in die nahe gelegene und sehenswerte Altstadt von Wetzlar ist. Immerhin gibt es dort eine Vielzahl an Restaurants, und Einkehren ist natürlich auch eine nicht zu verachtende Aktivität.

Adresse Dammstraße 52, 35576 Wetzlar, Tel. 06441/34103, www.campingplatz-wetzlar.de, Koordinaten: 50.571743, 8.508492 | **Einkaufsmöglichkeiten** Supermarkt in drei Minuten zu Fuß erreichbar | **Besondere Angebote** Hütten, Zirkuswagen, Frühstücks- und Brötchenservice, Restaurant mit Biergarten nebenan | **Anfahrt** A 45, Ausfahrt 30 (Wetzlar-Ost) und weiter über die B 49 in die Stadt hinein, auf dem Niedergirmeser Weg weiter zum Lahnufer und zum Campingplatz | **Saison** März–Okt., im Winter nach Voranmeldung | **Kurz und knapp** Überschaubarer Campingplatz mit 8.000 Quadratmetern direkt am Ufer der Lahn. Zeltwiese, Stromanschlüsse, WLAN und weitere klassische Camping-Einrichtungen natürlich vorhanden. Seit 2016 wird mit der hauseigenen Kanustation auch die Möglichkeit geboten, sich ein Kanu oder Kajak zu mieten.

53__Wohnmobilpark Willingen

Wintersport außerhalb der Alpen

Willingen im Upland, einem Teil des Rothaargebirges, bietet eine Vielzahl an Möglichkeiten für die Freizeitgestaltung. Im Stadtzentrum pulsiert das Leben in Form von Partytourismus vor allen Dingen für junge Leute. Das betrifft Gäste auf dem Wohnmobilpark weniger, denn der Platz befindet sich am südlichen Ortsrand. Er ist somit weit genug vom Partyleben entfernt, und dennoch ist das Zentrum von Willingen fußläufig erreichbar. Darüber hinaus ist Willingen ein Ausgangspunkt für Wanderungen. Die Bruchhauser Steine, der Clemensberg und das Naturschutzgebiet Neuer Hagen mit Heidelandschaft sind mit Wanderschuhen gut zu erreichen. Auch den Rothaarsteig, der das gleichnamige Gebirge durchquert, kann man ab Willingen erkunden.

Doch Willingen bietet noch mehr, denn der Ort beherbergt ein Ski- und Wintersportgebiet. Mehr als ein Dutzend Skilifte und eine Kabinenbahn befördern die Wintersportler in die Höhe, damit diese auf den insgesamt 16 Kilometer langen Pisten wieder in die Tiefe gleiten können. Mit Flutlichtanlagen wird an mehreren Winterabenden sogar bis spät in die Nacht Skivergnügen geboten.

Und der Wohnmobilpark passt genau hier hinein, denn er ist natürlich das gesamte Jahr hindurch geöffnet. Auch wenn einem trotz guter Wintervorbereitung das Gas ausgeht, wird einem hier geholfen, damit das Wohnmobil wieder kuschelig warm wird. Wer also Wintercamping betreiben möchte, der muss nicht den weiten Weg in die Alpen auf sich nehmen. Berge mit Wintersportmöglichkeiten gibt es auch im Herzen Deutschlands. Sollte der Schnee dennoch mal ausbleiben, sorgen Skikanonen für das nötige Weiß, und notfalls frönt man dem Wintersport in der Eissporthalle, die sich neben dem Wohnmobilpark befindet. Gleich gegenüber befindet sich übrigens das Lagunen-Erlebnisbad – wie schon beschrieben: Willingen bietet so ziemlich alles, rund um das Jahr.

Adresse Am Hagen 8, 34508 Willingen (Upland), Tel. 05632/960719, www.wohnmobilpark-willingen.de, Koordinaten: 51.289676, 8.613138 | Einkaufsmöglichkeiten Zentrum in zehn Gehminuten erreichbar | Anfahrt A 46 bis zu ihrem Ende und weiter über die B 7 nach Brilon, dort auf die B 251 nach Willingen, im Ort rechts halten in Richtung Tourismusinfo und Lagunen-Erlebnisbad beziehungsweise Eissporthalle | Saison ganzjährig | Kurz und knapp 55 Reisemobile finden hier hinter der Eissporthalle Platz und werden mit Strom, Wasser, Gas und Brötchen versorgt. Toiletten vorhanden.

54 Sole Reisemobilhafen

Die abschließbare Insel

In Bad Salzungen hat man sehr viel Geld investiert – in Millionenhöhe. Das sieht man gleich auf den ersten Blick. Auf der Brache eines ehemaligen Gewerbegebietes schuf man einen modernen Reisemobilstellplatz mit Blick auf die Werra. Und die Werra hat man dabei gleich mal zweigeteilt. Denn vor dem Stellplatz teilt sie sich nun in zwei Arme auf und umfließt eine kleine Insel, die nur über eine schmale Fußgängerbrücke zu erreichen ist.

Tagsüber genießt man den Blick von den Rasenhängen und Sitzbänken der Insel über den kleinen Seitenarm der Werra auf die parkenden Wohnmobile. Kinder spielen fröhlich auf dem Spielplatz, der die Form eines großen Piratenschiffes hat, und Familien messen sich beim Minigolf auf Bahnen, die aus Kunstrasen bestehen. Doch des Nachts, da ist die Insel abgeschlossen. Wer am späten Abend noch einmal rübermöchte, um vielleicht die Wohnmobile zu fotografieren, die sich vor dem Sonnenuntergang abzeichnen, der hat möglicherweise Pech gehabt. Der Sicherheitsdienst hat dann das einzige Zugangstor an der Brücke abgeschlossen. Der Mitarbeiter ist auch derjenige, der prüft, ob jeder Wohnmobilist die Übernachtung zahlt. Befremdlich sind dabei die Handschellen, die am Gürtel baumeln. Was mag wohl passieren, wenn man nicht bezahlt hat?

Vielleicht wird man in das angrenzende Solebad abgeführt. Dort findet zuweilen, neben zahlreichen anderen Veranstaltungen, auch ein langer Saunaabend statt. Eine gute Alternative zur abgeschlossenen Insel. Ansonsten kann man die Totes-Meer-Salzgrotte aufsuchen oder einen Rundgang durch Bad Salzunger Sole machen und dabei tief inhalieren. Fußläufig erreichbar ist übrigens der Burgsee der Stadt, den man bei einem gemütlichen Spaziergang umrunden kann. Zu tun gibt es rund um den ruhig gelegenen und weitläufigen Reisemobilhafen genug, auch wenn die Öffnungszeiten der Insel begrenzt sind.

Adresse Am Flößrasen 1, 36433 Bad Salzungen, Tel. 03695/693434, www.sole-reisemobilhafen.de, Koordinaten: 50.815467, 10.237782 | **Einkaufsmöglichkeiten** im fußläufig erreichbaren Ortskern | **Anfahrt** A 4, Ausfahrt Friedewald und über die B 62 weiter bis Bad Salzungen, im Ort am Bahnhof und dem Gradierwerk vorbei und der Beschilderung folgen | **Saison** ganzjährig | **Kurz und knapp** Zweigeteilter Platz mit 80 Stellflächen und zwei Entsorgungsstationen. Aufpreispflichtig kann der Sanitärbereich in der Solewelt genutzt werden. Geschwungene Fahrspur aus Asphalt mit Plätzen auf Schotterrasen. Eine kleine Grünfläche und eine gepflasterte Fläche stehen jedem Gast zur Verfügung. Für Wohnmobile mit mehr als 7,5 Tonnen Gewicht gibt es spezielle größere Einstellflächen.

55__Camping Drei Gleichen

Arbeit auf einem Campingplatz

Wer mit dem Campingfahrzeug auf der A 4 durch Thüringen in Richtung Osten unterwegs ist, wird zunächst Eisenach passieren und kann dabei auf der rechten Seite in der Ferne die Wartburg erkennen. Allerdings nur kurz. Daher ist es besser, wenn der Beifahrer danach Ausschau hält. Wenig später wird man von den klassischen braunen touristischen Hinweisschildern auf Drei Gleichen aufmerksam gemacht. Während die Wartburg bei Eisenach unter anderem durch Martin Luther bekannt ist, handelt es sich hier um drei Burgen, die die Landschaft zwischen Gotha und Arnstadt dominieren. Während der Fahrt, man hat ja gerade das Mittelgebirge des Thüringer Waldes hinter sich, hat man einen tollen Blick auf die drei einzeln stehenden Berge, auf denen die Burg Gleichen, die Mühlburg und die Veste Wachsenburg stehen. Und inmitten dieser Landschaft befindet sich der Campingplatz mit dem (Achtung, Wortspiel) gleichen Namen.

Er ist ein idealer Ausgangspunkt, um die Drei Gleichen näher kennenzulernen. Ist man bei der fünf Kilometer entfernten Wachsenburg angekommen, sollte man sich gleich noch im angrenzenden Holzhausen ein wenig Stärkung im 1. Deutschen Bratwurstmuseum gönnen.

Denn anschließend wird angepackt. Der Campingplatz Drei Gleichen bietet nämlich die Möglichkeit, Geld zu sparen und gleichzeitig einen Blick hinter die Kulissen zu werfen. Wer mindestens 14 Tage auf dem Platz übernachtet, kann einen kurzfristigen Arbeitsvertrag erhalten. Zwei Stunden Mitarbeit pro Tag auf dem Campingplatz sind dann gefragt, der Rest ist Freizeit. Als Gegenleistung wird nicht nur der Stellplatz für das Fahrzeug vergütet, sondern es bleibt sogar noch ein Stundenlohn übrig. Möglich ist das zwar nur in der Zeit von Juli bis September, aber das ist genau der richtige Zeitpunkt, um sich in der Region rund um Drei Gleichen ausgiebig umzuschauen. Guten Appetit im Bratwurstmuseum!

Adresse Campingplatz 1, 99869 Drei Gleichen OT Mühlberg, Tel. 036256/22715, www.camping-drei-gleichen.de, Koordinaten: 50.875194, 10.809248 | **Einkaufsmöglichkeiten** Kiosk am Platz, Mühlberg fußläufig erreichbar | **Besondere Angebote** zwei Elektro-Roller können gemietet werden | **Anfahrt** A 4, Ausfahrt 43 (Wandersleben), rechts halten und im folgenden Ort Mühlberg unterhalb der Mühlburg erneut rechts zum Campingplatz | **Saison** 1. April–31. Okt. | **Kurz und knapp** Freundlicher Campingplatz in historisch interessanter Lage. Neben klassischen Standplätzen gibt es auch kleinere und damit günstigere sogenannte Bulliplätze für Fahrzeuge in dieser Größenordnung. Besonders schön ist der Platz mit Blick auf die Mühlburg am abendlichen Lagerfeuerplatz.

56 Campingplatz Probstei Zella

Vom Wohnmobil zur Kutsche

Sind Sie schon einmal mit einem Wohnwagen oder Wohnmobil zu einem Campingplatz gefahren und haben diesen mit einer Kutsche wieder verlassen? Wenn Sie jetzt sagen, das käme für Sie gar nicht in Frage, weil Sie das moderne Wohnmobil ganz sicher nicht mit einer hölzernen Kutsche tauschen möchten, dann ist das die eine Sache. Die andere Sache ist aber auch die, dass nur die wenigsten wissen, wie man eine Kutsche eigentlich bedient und wie man mit den echten Pferdestärken vor dem Fahrzeug umzugehen hat.

Zumindest diesen Punkt kann man auf dem Landgasthof Probstei Zella lernen. Schon bei der Ankunft auf dem Gelände am Ufer der Werra bemerkt man, dass es sich nicht nur um einen reinen Campingplatz handelt. Alte Wagenräder verzieren die Zufahrt zur Zelt- und Campingwiese. Das Grundstück, auf dem man sich in herrlicher Lage und ruhiger Natur wunderbar ausbreiten kann, gehört zum Landgasthof und Reiterhof Probstei Zella, in dem auch Ferienwohnungen angeboten werden. Dort in der Gaststätte meldet man sich nach der Ankunft an. Im Wesentlichen handelt es sich um einen familiär geführten Reitbetrieb mit knapp 20 Pferden.

Wer will, kann hier Reitstunden nehmen, die Reithalle nutzen oder an einem der Ausritte teilnehmen, die in die Wälder rund um den Reiterhof führen. Mehrstündige Fahrten mit Planwagen oder Kutsche sind darüber hinaus auch möglich. Zu guter Letzt bleibt zudem die Chance, einen Kutschenführerschein zu erwerben. Da man hier den Umgang mit Pferden erlernen muss und nach bestandener Prüfung als Verkehrsteilnehmer unterwegs sein kann, ist das natürlich keine Sache für einen Nachmittag. In einem mehrtägigen Lehrgang erlernt man die Vorbereitung des Pferdes, die Leinenaufnahme am Gespann, das praktische Fahren und vieles andere, was einem anschließend erlaubt, mit einer Kutsche am öffentlichen Straßenverkehr teilzunehmen.

Adresse Probsteizella 1, 99826 Frankenroda, Tel. 036924/41976, www.zella.de, Koordinaten: 51.106425, 10.296203 | Einkaufsmöglichkeiten entlang der Werra bis Treffurt | Besondere Angebote Frühstücksbüfett im Landgasthof, Brötchenservice | Anfahrt A 4, Ausfahrt Eisenach-West, dann B 7 bis Creuzburg, von dort weiter über kleinere Landstraßen durch Mihla und Frankenroda | Saison ganzjährig | Kurz und knapp Einfacher Campingplatz in ruhiger und abgeschiedener Lage im Tal der Werra, dadurch kann der Handyempfang beeinträchtigt sein, und eine Hauptverkehrsstraße ist nicht in der Nähe. Das bedeutet, der Platz ist sehr ruhig und bietet sich ideal an, um auszuspannen (und Pferde anzuspannen).

57_Rennsteig-Caravaning Valentinsteich

Zu Besuch im Valentinsstübchen

Am nördlichen Rand des Thüringer Waldes befindet sich der kleine Campingplatz mit dem Namen Rennsteig-Caravaning. Der namensgebende Rennsteig verläuft etwas weiter westlich. Als Fernwanderweg verbindet er Hörschel bei Eisenach mit Blankenstein an der Grenze zu Bayern. Dabei wandert man auch in der Nähe von Finsterbergen entlang, ebendem Ort, in dem dieser Campingplatz liegt. Er befindet sich am nördlichen Ortsrand, gleich neben Sportplatz und Freibad. Ruhig ist es dennoch, besonders in der Nacht.

Dann hört man nichts, außer vielleicht den Ruf einer Eule. Oder es ist in den Abendstunden gerade etwas los, und zwar im Valentinsstübchen. Das hübsche Holzhaus ist eine der ersten Einrichtungen, die man bei der Anreise kennenlernt. Die freundliche Betreiberfamilie zeigt einem bei der Begrüßung mit Stolz das Haus, in dem schon mal Spiele der Fußballweltmeisterschaft gezeigt werden oder Silvester gefeiert wird. Richtig rustikal und urig geht es in dem Häuschen zu. Das gilt natürlich besonders, wenn draußen Schnee liegt und man sich innen am lodernden Kaminfeuer wärmen kann. Außerdem gibt es gekühlte Getränke, die man auf Vertrauensbasis kaufen kann. Flasche nehmen, Geld ins Sparschwein – fertig. So einfach kann Camping sein.

Ein Räumchen weiter ist die liebevoll eingerichtete Rezeption, und draußen vor dem Haus gibt es den Zwiesel, der so typisch ist für den Thüringer Wald. Dabei handelt es sich um einen gegabelten Baumstamm. Wanderer auf dem Rennsteig kennen Zwiesel, weil üblicherweise die Wegbeschilderung daranmontiert wird. Alles in allem ist der familiär geführte Campingplatz rundum gelungen und lädt mit dem Valentinsstübchen zum längeren Verweilen ein. Nicht zu vergessen wäre da auch der Valentinsteich und die hauseigene Sauna. Gerne wird bei diesem Campingplatz auch von einem Geheimtipp gesprochen. Prädikat: unbedingt aufsuchen!

Adresse Friedrichrodaer Weg 3a, 99894 Friedrichroda, Tel. 03623/310775, www.rennsteig-caravaning.de, Koordinaten: 50.840821, 10.581911 | **Einkaufsmöglichkeiten** Fleischereien in Finsterbergen, Supermärkte in Friedrichroda | **Besondere Angebote** Brötchen- und Zeitungsservice, Bungalowvermietung | **Anfahrt** A 4, Ausfahrt 42 (Gotha), dann B 247 und B 88 in Richtung Friedrichroda, zwischen Georgenthal und Friedrichroda nach Finsterbergen abbiegen und Richtung Sportplatz/Campingplatz fahren | **Saison** Mitte April–Anfang März | **Kurz und knapp** Kleiner Campingplatz in Waldlage mit 36 Stellflächen, beheiztem Sanitärgebäude, WLAN, Sauna, Badewanne unter freiem Himmel, Grillplätzen, Waschmaschine und dem Aufenthaltsraum Valentinsstübchen.

58 Jena-Camping

Übernachten im amerikanischen Airstream

Dass der Campingplatz in Jena irgendwie anders ist, bemerkt man spätestens beim Bezahlen der Übernachtung in einer alten, ausgemusterten Straßenbahn. Dieser gelbe historische Wagen dient nämlich als Rezeption. Zahlreiche Informationen erhält man hier bei den Betreibern des Campingplatzes, und zugleich kann man sich niederlassen und gemütlich etwas trinken oder eine Wurst vom Grill genießen. Vor der Straßenbahn breitet sich eine Art Terrasse aus, die mit einem Wellblechdach vor der brütenden Sonne geschützt wird. Es ist aber nicht nur die Straßenbahn, die an lange zurückliegende Zeiten erinnert. Kleine Details wie der Kaugummiautomat auf der Terrasse wecken Erinnerungen an die Kindheit, als solche Automaten, hygienisch ein wenig fragwürdig, an jeder Ecke hingen.

Mit historischen Fahrzeugen geht es an einer anderen Ecke des Campingplatzes aber gleich weiter. Vier sogenannte Airstreamer stehen bereit, um Übernachtungsgäste ohne eigenes Fahrzeug aufnehmen zu können. Die Airstream-Wohnwagen stammen aus den 1950er bis 1970er Jahren und rollten einst auf US-amerikanischen Highways und Interstates. Ihre markante stromlinienförmige Bauweise und der silberne Glanz machten sie zu einem Symbol des amerikanischen Campingtourismus. In Jena rollen sie zwar nicht mehr, doch als restaurierte Airstream-Hotels, in denen man übernachten kann, geben sie immer noch eine gute Figur ab.

Trotz Innenstadtnähe zeigt sich der Campingplatz mit viel Grün. Der Bahnhof von Jena inklusive Stadtzentrum ist weniger als einen Kilometer entfernt. Und zur Saale und dem dortigen Saale-Radweg ist es ein Katzensprung. Wer mehr auf Aussichten steht, der erklimmt am besten in den Morgenstunden den Jenzig, den Hausberg von Jena, und genießt den Blick auf die Stadt und den Campingplatz. Je nach Sonnenstand sieht man dann die silbernen Airstreamer das Sonnenlicht reflektieren.

Adresse Am Erlkönig 3, 07749 Jena, Tel. 03641/666688, www.jenacamping.de, Koordinaten: 50.936042, 11.608339 | Einkaufsmöglichkeiten fußläufig in der Stadt | Besondere Angebote Brötchenservice, Frühstück, Airstream-Hotel | Anfahrt A 4, Ausfahrt Jena-Zentrum und über die B 88 bis ins Stadtzentrum, auf der B 7 die Saale überqueren und wenig später am Sportplatz links abbiegen | Saison ganzjährig | Kurz und knapp Uriger Campingplatz, der ein wenig unkonventionell wirkt. Die Anmeldung auf dem Platz erfolgt in einer ausgedienten Straßenbahn. Ein wenig in die Jahre gekommen, aber dennoch gepflegt sind die sanitären Einrichtungen.

59_Palumpa-Land

In der Mitte Deutschlands

Palumpa-Land, der Name dieses Campingplatzes lässt viele Fragen offen. Welche Region in Deutschland heißt so? Hat man in Geografie geschlafen, als Palumpa-Land auf dem Stundenplan stand? Oder steht der Name für eine Abkürzung? Nein, er ist einfach ein Phantasiebegriff und will sich damit abheben. Denn als Alternative hätte »Camping am See« zur Auswahl gestanden, und ganz ehrlich: Der wievielte Campingplatz am See wäre es geworden? Man möchte mit dem Namen Palumpa-Land offen für alles sein und zum Nachdenken anregen. Das wäre ja dann geschafft.

Palumpa-Land hat aber eine ganz andere, besondere Eigenschaft. Der Campingplatz liegt mitten in Deutschland, und zwar fast exakt mittig. Als Autor dieses Buches und als Sammler von geografischen Mittelpunkten komme ich daher nicht umhin, diesen Campingplatz zu empfehlen. Mehr als 40 geografische Mittelpunkte weltweit habe ich bisher besucht, und bei einem war ich sogar Initiator für ein kleines Denkmal. Interessanterweise hat Deutschland drei offizielle geografische Mittelpunkte und zugehörige Denkmäler. Dies hängt jeweils mit der Berechnungs- und Messmethode zusammen. Zieht man nur die Landfläche zur Bestimmung heran, oder berücksichtigt man auch die Insel oder gar das Seegebiet? Misst man den Flächenschwerpunkt, oder zieht man bloß zwei sich schneidende Geraden von Ost nach West und von Nord nach Süd?

Möglichkeiten gibt es mehrere, und die letztgenannte, die mit dem Schnittpunkt, bringt uns nach Niederdorla. Exakt zwei Kilometer nordwestlich des Campingplatzes Palumpa-Land befindet sich damit der geografische Mittelpunkt Deutschlands. Kein anderer Campingplatz befindet sich näher an solch einer Markierung und gilt damit als zentraler. Übrigens, andere Mittelpunkte befinden sich im niedersächsischen Krebeck und in Heiligenstadt. Palumpa-Land hätte also auch Camping am Mittelpunkt heißen können. Das wäre auch einmalig in Deutschland gewesen.

Adresse Am Stausee 1, 99986 Niederdorla, Tel. 03601/888942, www.palumpa-land.de, Koordinaten: 51.152054, 10.469471 | **Einkaufsmöglichkeiten** zehn Minuten mit dem Fahrrad entfernt | **Besondere Angebote** Strandbar, Eventhalle, Mietunterkünfte | **Anfahrt** A 4, Ausfahrt Eisenach-Ost und weiter auf der B 84 nach Bad Langensalza, dort auf die B 247 wechseln und weiter nach Mühlhausen, von hier in südliche Richtung über die kleine Landstraße nach Niederdorla und zum Stausee mit dem Campingplatz | **Saison** 1. April–Anfang Okt. | **Kurz und knapp** Schöner, kleiner und ruhiger Campingplatz in der Abgeschiedenheit des überschaubaren Stausees Seebach. Großzügige Zelt- und Campingwiese und ein eigener Badestrand sind vorhanden. Auf dem Campingplatz kann man auch direkt am Wasser stehen. Leider ist kein Rundweg um den kleinen See vorhanden.

60_Stellplatz am Vachwerk

Übernachten in Ost und West

Zum Glück ist die schreckliche Zeit der deutschen Teilung in Ost und West schon lange vorbei. Heute bemerkt man den Übergang von ehemals Ost zu ehemals West nur als aufmerksamer Autofahrer, wenn man die braunen touristischen Hinweisschilder sieht. Auf diesen ist vermerkt, bis zu welchem Zeitpunkt Deutschland und Europa an der entsprechenden Stelle geteilt waren. Auch im thüringischen Vacha steht solch ein Schild. Bis zum 12. November 1989 um acht Uhr morgens war es hier nicht möglich, die Grenze zu überqueren.

Aufgrund der damaligen politischen Situation gibt es auf der Ostseite der ehemaligen deutsch-deutschen Grenze keine Übernachtungsmöglichkeit für Wohnmobilreisende. Campingplätze gab es nicht, und Wohnmobilstellplätze wurden nach der deutschen Einheit keine geschaffen – zumindest nicht gleich hinter dem ehemaligen Grenzzaun.

Vacha ist da anders. Zwei kleine gepflasterte Flächen auf einem öffentlichen Parkplatz laden zum Übernachten ein. Es ist nicht viel, aber es ist ein besonderer Ort. Auf der anderen Straßenseite erhebt sich die leuchtend grüne Skulptur des Einheitsmannes. Gleich dahinter überspannt die Grenzbrücke die Werra. Sie war einst streng überwachter Grenzfluss. Heute teilt sie nur noch Thüringen von Hessen ab. Stehen gelassen hat man einen der Wachtürme, den man heute auch von innen besichtigen kann. Und auf einem kleinen Rundweg entlang der Grenze folgt man den Spuren der deutschen Geschichte, der so manches grenznahe Gebäude während der deutschen Teilung zum Opfer fiel. In die andere Richtung geht man nur wenige Schritte bis in die historische Innenstadt von Vacha, wo sich in der Burg Wendelstein außerdem eine Puppensammlung befindet.

Ein Ort, der einst von Westen gar nicht und von Osten nur mit Sondergenehmigung erreichbar war, dient heute als Übernachtungsplatz für Wohnmobilgäste. Wie sich die Zeiten ändern können – zum Glück!

Adresse Bundesstraße 62, 36404 Vacha, Koordinaten: 50.829637, 10.021817 | **Einkaufsmöglichkeiten** einmal durch den Ort, rund 500 Meter | **Anfahrt** A 4 bis zur Ausfahrt Friedewald und auf der B 62 bis Vacha. Der Stellplatz befindet sich gleich gegenüber der Grenzbrücke auf einem öffentlichen Schotterparkplatz. | **Saison** ganzjährig | **Kurz und knapp** Kleiner Stellplatz mit zwei Einstellmöglichkeiten. Die Stromsäule hat jedoch vier Anschlüsse. Eine Frischwassersäule sowie Entsorgung für das Chemie-WC sind ebenfalls vorhanden.

61 Campingplatz Ostrauer Mühle

Mit der Straßenbahn zum Campingplatz

Sind Sie schon mal mit der Straßenbahn zum Campingplatz gereist? Zugegeben, das macht nur Sinn als Wanderer mit Rucksack und Zelt im Gepäck. Oder man ist auf einem innerstädtischen Campingplatz und kommt von seinem umfangreichen Stadtrundgang mit der Straßenbahn zurückgefahren.

Eine innerstädtische Straßenbahnfahrt zum Campingplatz Ostrauer Mühle funktioniert jedoch nicht. Zwar gibt es eine Straßenbahn, doch diese gilt als Überlandstraßenbahn und ist eine Besonderheit für sich. Sie startet am Kurpark von Bad Schandau, womit eine gute Rückfahrmöglichkeit zum Campingplatz besteht, wenn man wandernd in der Sächsischen Schweiz unterwegs war oder eine Fahrt mit dem Ausflugsschiff auf der Elbe genossen hat. Die knallgelbe Straßenbahn fährt durch das Tal der Kirnitzsch und passiert dabei die Haltestellen Botanischer Garten und Waldhäusel, bevor man an der vierten Station den Campingplatz erreicht. Doch man sollte sich auch den Rest der Strecke nicht entgehen lassen. Es sind noch vier weitere Stopps bis zur Endhaltestelle Lichtenhainer Wasserfall. Nicht nur, dass sich dort die sehenswerten und gleichnamigen Kaskaden in die Tiefe stürzen – auch die Fahrt mit der Straßenbahn ist ein Erlebnis. Sie rumpelt nämlich durch ein idyllisches und wenig besiedeltes Tal. An mancher Haltestelle fragt man sich sogar, wer hier in der Einsamkeit wohl ein- oder aussteigen will.

Gleichzeitig sind die Gleise der Kirnitzschtalbahn so auf der schmalen Landstraße verlegt, dass die Autos im Gegenverkehr anhalten und erst die Straßenbahn passieren lassen müssen. Eine Überlandstraßenbahn wie diese ist selten in Deutschland. Noch seltener ist ein Campingplatz mit eigener Haltestelle für eben genau solch eine Bahnfahrt. Eine bessere Anbindung an den öffentlichen Personennahverkehr kann man sich beim Camping gar nicht wünschen.

Adresse Kirnitzschtalstraße, 01814 Bad Schandau, Tel. 035022/42742, www.ostrauer-muehle.de, Koordinaten: 50.930005, 14.191347 | **Einkaufsmöglichkeiten** mit der Straßenbahn nach Bad Schandau | **Anfahrt** A 17, Ausfahrt 6 (Pirna), dann auf die B 172a wechseln, in Pirna rechts auf die B 172 bis zur Elbe und weiter nach Bad Schandau, dort im Zentrum links das Elbtal verlassen und der Straßenbahn hinterher durch das kleine Kirnitzschtal | **Saison** ganzjährig | **Kurz und knapp** Überschaubarer Campingplatz in ruhiger Tallage mit tollen Wandermöglichkeiten im Elbsandsteingebirge, sämtliche Ver- und Entsorgungseinrichtungen sowie WLAN und Gaststätte vorhanden.

62 Camping Mittweidaer Aue

Camping am Konfluenzpunkt

Viele Leser werden sich jetzt fragen, was ein Konfluenzpunkt ist. Das ist eigentlich ganz einfach erklärt. Doch beginnen wir zunächst mit dem Platz an sich. Dieser liegt in Sachsen. Und das bedeutet nichts, denn Konfluenzpunkte gibt es in jedem Flächenbundesland außer im Saarland. In malerischer Lage, so wie man es sich von einem Campingplatz wünscht, erstreckt er sich am Ufer der Zschopau. Dieser kurvenreiche Fluss bringt es auf eine Länge von 130 Kilometern, verlässt dabei Sachsen aber nie. Er entspringt am Fichtelberg und mündet weiter nördlich in die Freiberger Mulde.

In einem weiten Bogen umfließt er dabei den Konfluenzpunkt, gleich so als wolle er ihn meiden. Nachdem er den Konfluenzpunkt hinter sich gelassen hat, trifft er auf den Campingplatz Mittweidaer Aue, der 700 Meter Luftlinie vom Konfluenzpunkt entfernt ist. Damit ist er der am nächsten an einem Konfluenzpunkt gelegene Campingplatz in Deutschland. 44 gibt es davon, in einer perfekten Gleichmäßigkeit über das deutsche Festland verteilt. Zwei weitere zu Deutschland gehörende Punkte befinden sich jeweils in der Nord- und in der Ostsee.

Bei Konfluenzpunkten handelt sich um die Orte, an denen ganzzahlige Längen- und Breitengrade aufeinandertreffen. Am Ufer der Zschopau sind es der 51. Längengrad Nord und der 13. Breitengrad Ost, die sich hier kennenlernen – ganz ohne Nachkommastellen. Über einen kurzen Fußmarsch entlang der Felder erreicht man ihn vom Campingplatz aus in wenigen Minuten. Zu sehen gibt es aber außer dem Feld leider nichts. Typisch für Konfluenzpunkte, die meisten von ihnen befinden sich im Grünen. Nur ein einziger innerhalb Deutschlands ist asphaltiert und befindet sich in einem Garagenhof. Das zeigt trotz dichter Besiedlung gut, dass man bei einer zufälligen Auswahl eines Punktes im Land meistens dennoch einen Wald oder ein Feld trifft.

Adresse Auenblickstraße, 09648 Mittweida, Tel. 01523/6362190, www.kriebsteintalsperre.de, Koordinaten: 51.000204, 12.988993 | Einkaufsmöglichkeiten in zwei Kilometern Entfernung | Anfahrt A 4, Ausfahrt 73 (Hainichen), dann auf den kleinen Landstraßen durch Niederrossau bis Ringethal über die Zschopau bis Mittweida. Dabei fährt man übrigens direkt schon am Konfluenzpunkt vorbei. Gleich am Ortseingang rechts bis zum Campingplatz. | Saison 1. April–31. Okt. | Kurz und knapp Kleiner und einfacher Campingplatz in ruhiger und schöner Lage am linken Flussufer der Zschopau, normale Standardausstattung.

63__Bad Sonnenland Ferienpark

Camping im Königreich

Der Campingplatz Bad Sonnenland hat gleich mehrere Besonderheiten in der näheren Umgebung, weshalb er sich als idealer Ausgangspunkt für eine Tour durch die Region anbietet. Da wäre zum einen die Landeshauptstadt Dresden. Sie ist mit dem Fahrrad in weniger als einer Dreiviertelstunde erreichbar. Frauenkirche, Semperoper und ein Schiffsausflug auf der Elbe stehen also auf dem Programm. Es geht aber auch eine Spur kleiner. Denn nur wenige hundert Meter vom Platz entfernt befindet sich die sogenannte Erlebnisplantage. Diese entstand im Jahr 2000 aus einem Maisfeld, in das der Betreiber des Spargelhofs Ponickau, Holger Schöne, mehrere Irrwege schnitt. Wenige Jahre später folgten 10.000 Töpfe Heidelbeeren zum Selberpflücken, die wiederum durch Himbeeren ergänzt wurden. Das Angebot wurde im Laufe der Jahre immer größer und umfangreicher. Heute wandelt man durch ein Maislabyrinth mit zahlreichen Quiz-Stationen, kann im Streichelzoo auf Ziegen und Schafe treffen und zu Halloween verschiedene Kürbisspezialitäten probieren.

Zwischen Campingplatz und Erlebnisplantage überquert man eine Landstraße, die rund zweieinhalb Kilometer schnurgerade auf Moritzburg zuführt. An ihrem Ende erhebt sich das gleichnamige Schloss auf einer kleinen Insel im Schlossteich als Teil der Kulturlandschaft Moritzburg. Im ehemaligen Jagdschloss starb wenige Tage vor Ende des Zweiten Weltkriegs Käthe Kollwitz. Außerdem ist das Bauwerk berühmt als Kulisse für den in den 1970er Jahren gedrehten Märchenfilm »Drei Haselnüsse für Aschenbrödel«. Diese Koproduktion zwischen der ehemaligen Tschechoslowakei und der DDR wird bis heute gerne während der Weihnachtszeit im Fernsehen gezeigt. Noch immer sagt man, Moritzburg sei ein Ort wie ein Königreich. Sollten all diese Sehenswürdigkeiten nicht ausreichen, so bleibt dem Bad Sonnenland noch immer der platzeigene Zugang zum Badesee.

Adresse Dresdner Straße 115, 01468 Moritzburg, Tel. 0351/8305495, www.bad-sonnenland.de, Koordinaten: 51.141248, 13.674372 | **Einkaufsmöglichkeiten** Campershop am Platz | **Besondere Angebote** Mietwohnwagen, Brötchenservice | **Anfahrt** A 4, Ausfahrt 80 (Dresden-Wilder Mann), rechts abbiegen und auf der Dresdner Straße in Richtung Moritzburg, vor dem Wald, gegenüber der Erlebnisplantage, links auf die Zufahrt zum Campingplatz einbiegen | **Saison** April–Okt. | **Kurz und knapp** Kleiner Campingplatz mit üblicher Standardausstattung an einem Badesee. In geringer Entfernung lassen sich gleich mehrere Sehenswürdigkeiten erleben.

64 Neiße Aktiv Camp

Der östlichste Campingplatz

Görlitz ist bekanntlich die östlichste Stadt der Bundesrepublik. Zwar hat die Stadt einen Wohnmobilstellplatz an der Gaststätte Rosenhof. Doch es existiert ein Campingplatz, der sogar ein kleines Stück weiter östlich liegt. Er befindet sich jedoch nicht in Görlitz, sondern gut 20 Kilometer weiter nördlich auf dem Gebiet von Rothenburg in der Oberlausitz.

Die Landschaft dort ist geprägt von der Landwirtschaft, und nur 250 Meter sind es bis zum Ufer der Neiße, die hier den Grenzfluss zu Polen bildet. Eine Möglichkeit, den Fluss und damit auch die Grenze trockenen Fußes zu überqueren, gibt es im näheren Umfeld nicht. Eigentlich schade, denn dahinter breitet sich auf dem Gebiet der Woiwodschaft Niederschlesien ein weitläufiger Wald aus. Und zwar bis nach Jagodzin, der ersten polnischen Ortschaft jenseits der Grenze, über zwölf Kilometer östlich des Campingplatzes.

Wer hierherkommt, auf den östlichsten Campingplatz Deutschlands, der scheint daher die Ruhe und Abgeschiedenheit zu suchen. Doch dabei bietet der überschaubare Campingplatz mit seinen 40 Stellflächen einiges mehr. Schon der Name Neiße Aktiv Camp lässt ahnen, dass man sich hier sportlich austoben kann. Kein Wunder, denn mit dem Fluss führt natürlich auch der Neiße-Radweg nahe am Campingplatz vorbei. Außerdem bietet der Platz Touren mit raftingtauglichen Schlauchbooten auf dem Fluss an. Mangels Berufsschifffahrt und Motorboot kann man hier noch eine artenreiche Tierwelt erleben.

Zusätzlich gehört zum Campingplatz ein 3-D-Bogenschießparcours. Zehn lebensgroße Kunststofftiere sind im Wald versteckt und können aus verschiedenen Distanzen anvisiert und getroffen werden. Und zu guter Letzt liegt der Platz genau zwischen Görlitz und Bad Muskau – zwei Städte, die sich gerne besichtigen lassen. Und der östlichste Punkt Deutschlands lässt sich zudem auch noch erwandern.

Adresse Tormersdorfer Allee 1, 02929 Rothenburg/Oberlausitz, Tel. 035891/189993, www.neisse-tours.de, Koordinaten: 51.327296, 14.982593 | Einkaufsmöglichkeiten zwei Kilometer entfernt | Besondere Angebote Boots- und Fahrradverleih | Anfahrt A 4 bis zur Ausfahrt Kodersdorf, dort weiter über die B 115 in nördliche Richtung nach Niesky und über kleinere Landstraßen bis Rothenburg/Oberlausitz | Saison 1. Mai – 30. Sept. | Kurz und knapp Kleiner Campingplatz mit 40 Stellflächen, Strom, Wasser und Abwasseranschluss sowie WLAN auf einem Teil des Geländes.

65__Seecamping Zittauer Gebirge

Der südöstlichste Campingplatz

Der Seecamping Zittau hat ganz viele besondere Eigenschaften. Wir lassen ihn in diesem Buch einfach mal als südöstlichsten Campingplatz laufen. So bewirbt sich der Campingplatz bei Zittau nämlich selbst. Über die Richtigkeit dieser Angabe kann man aus geografischer Sicht unterschiedlicher Meinung sein, denn es gibt noch einige Campingplätze bei Passau und bei Berchtesgaden, die Ähnliches über sich behaupten könnten – je nach Betrachtungsweise.

Man könnte den Seecamping bei Zittau auch als den Campingplatz am Dreiländereck bezeichnen. Denn zu dem Punkt, an dem Deutschland auf Polen und Tschechien trifft, sind es gerade einmal vier Kilometer Luftlinie. Aber Campingplätze an einem Dreiländereck haben wir bereits in diesem Buch. Eine weitere Eigenschaft ist seine Lage an einem künstlichen See. Gemeint ist damit kein Stausee, sondern der Restsee eines Braunkohletagebaus. Die Landschaft rund um Zittau war bis zu Beginn der 1990er fest in der Hand von großen Baggern, die in einem Tagebau Braunkohle abbauten.

Nach der Einstellung des Tagebaubetriebs blieb das bis zu 40 Meter tiefe Restloch, das sich im Laufe der Zeit mit Wasser füllte. Der Olbersdorfer See war geboren. Schon 1999 fand rund um das Gewässer die Sächsische Landesgartenschau statt, und ein Jahr später entstand am nordwestlichen Seeufer der südöstlichste Campingplatz Deutschlands. Die beiden Gründer René Dreier und Steffen Roy hatten die Idee zu einem Campingplatz aus einer Bierlaune heraus und waren zu dem Zeitpunkt selbst bereits viel mit dem Camper unterwegs. Außerdem behaupten sie augenzwinkernd, dass sie schon mal dabei zusahen, wie ein Bagger gesteuert wurde – warum also nicht einfach einen Bagger bedienen und einen Campingplatz bauen? Offensichtlich hat das funktioniert, und heute befindet sich ganz tief im Südosten von Sachsen ein beliebter und schöner Campingplatz mit Badestrand.

Adresse Zur Landesgartenschau 2, 02785 Olbersdorf, Tel. 03583/696292, www.seecamping-zittau.de, Koordinaten: 50.894101, 14.771204 | **Einkaufsmöglichkeiten** eine Viertelstunde Fußweg entfernt | **Anfahrt** A 4, bei Bautzen auf die B 96 wechseln und bei Zittau dem Weg zum Olbersdorfer See und damit zum Campingplatz folgen | **Saison** im Jan. und Febr. geschlossen, bitte Homepage beachten | **Kurz und knapp** Über 200 Stellflächen und 14 Campinghütten befinden sich am nordwestlichen Ufer des Olbersdorfer Sees. Gleich nebenan warten ein Sandstrand, ein großer Wasserspielplatz, ein Bootsverleih und Beachvolleyballfelder auf Erholungsuchende.

66_Reisemobilstellplatz Am Nohfels

Välkommen till Sverige

Beginnen wir mit der schlechten Nachricht: Der Reisemobilstellplatz befindet sich nicht in Schweden. Es gibt keine Köttbullar auf dem Mittagstisch, und es spazieren keine Elche in Sichtweite an den Wohnmobilen vorbei. Auch das Wasser, auf das man vom südlichen Teil des Platzes blickt, gehört nicht zum Götakanal. Vielmehr handelt es sich um die Nahe. Wir befinden uns in Rheinland-Pfalz, exakt 720 Kilometer Luftlinie von der schwedischen Küste entfernt.

Dennoch kann man sich hier zumindest ein bisschen wie in Schweden fühlen. Dafür sorgen die Besitzer und Betreiber des Wohnmobilstellplatzes, Familie Engelmann, im Süden des Kurortes Bad Sobernheim. Zunächst einmal ist der Platz ein wenig abseits des Ortes. Genau in der richtigen Entfernung, nämlich so, dass man das Zentrum von Bad Sobernheim noch gut zu Fuß erreichen kann, aber dennoch keine Wohnhäuser gleich um sich herum hat. Man blickt je nach Stellfläche entweder auf Felder oder eben auf die Auen der sanft dahinziehenden Nahe.

Für die Plätze am Wasser muss man jedoch ein wenig Glück mitbringen, denn eigentlich handelt es sich um die Parkplätze für das dazugehörige Sommercafé. Und genau das ist ein echter Hingucker. Man sieht auf Anhieb, dass die Familie Engelmann sich gerne im Land der Elche aufhält. Es ist ganz liebevoll im Stil eines schwedischen Landhauses errichtet worden und vermittelt die Illusion, man sei in Småland, Dalsland oder in Dalarna. Auch die angrenzende Minigolfbahn besteht aus 18 schwedischen Filzbahnen.

Und wer sich gerne mit einem schwedischen Kuchen verwöhnen lassen möchte, der sollte auf diesem Stellplatz nicht nur übernachten, sondern die Zeit ganz gemütlich auf der Terrasse des Sommercafés verbringen. Einen schönen Aufenthalt, oder wie man in Schweden sagt: *Trevlig vistelse i Sverige. Hej då.*

Adresse Hömigweg 1, 55566 Bad Sobernheim, Tel. 06751/854611 (Café), www.amnohfels.de, Koordinaten: 49.779107, 7.657980 | Einkaufsmöglichkeiten fußläufig im Ort erreichbar | Besondere Angebote Brötchenservice, Minigolf | Anfahrt ab Bad Kreuznach über die Bundesstraße 41 nach Bad Sobernheim, dort in den Ort hinein und über die Bahngleise, noch vor der Nahe-Brücke links auf die kleine Zufahrtsstraße zum Stellplatz | Saison ganzjährig | Kurz und knapp Überschaubarer Stellplatz mit Strom, Ver- und Entsorgung, 27 befestigte Plätze und weitere 20 Plätze auf der dahinterliegenden Wiese, direkt an der Nahe und damit am Nahe-Radweg gelegen.

67_Camping Altschmiede

Camping in idyllischer Region

Wenn in einer Region in einem Umkreis von weniger als 20 Kilometern gleich zehn Campingplätze einen Übernachtungsplatz anbieten, dann muss diese Region doch etwas Besonderes sein. Entweder befinden wir uns an der Küste, wo sich die Campingplätze wie Perlen an einer Schnur aneinanderreihen, oder wir sind an den Ufern verschiedener Bergseen in den Alpen oder in einem beliebten Mittelgebirge.

Weit gefehlt. Wir befinden uns an der deutsch-luxemburgischen Grenze nordwestlich von Trier. Dort markiert der 173 Kilometer lange Fluss Sauer für einige Zeit die Grenze zwischen den beiden Ländern, bevor er später bei Wasserbillig in die Mosel mündet. Zugegeben, die meisten der vorhandenen Campingplätze in der Region befinden sich auf luxemburgischer Seite. Aber auch aufseiten der Eifel in Deutschland laden einige Plätze zum Verweilen ein. Einer dieser Plätze ist der Campingplatz Altschmiede. Er befindet sich südwestlich der Ortschaft Bollendorf und erstreckt sich auf einer Länge von fast einem Kilometer entlang der Sauer. Dabei ist er verhältnismäßig schmal, was den Vorteil bietet, dass beinahe jeder Gast nah am Ufer übernachtet und den Blick über das Wasser nach Luxemburg genießen kann.

Doch die Frage, warum ausgerechnet hier so viele Campingplätze parat stehen, ist erlaubt. Es gibt hier nicht *die* Attraktion, sondern vielmehr eine malerische Landschaft, die auf beiden Seiten aus dem sogenannten Luxemburger Sandstein besteht. Im kleinen Nachbarland ist es das nahe gelegene Mullerthal, das vor allen Dingen mit dem pittoresken Schießentümpel fasziniert. Unterhalb einer alten Steinbrücke bietet das in kleinen Kaskaden herabfallende Wasser ein tolles Bild. Und so zieht sich die Landschaft mit vielen Wanderwegen und kleinen Details bis zu den Irreler Wasserfällen an der Teufelsschlucht auf deutscher Seite. Ein Traum an Idylle, ganz ohne Meer und hohe Berge.

Adresse Altschmiede 1, 54669 Bollendorf, Tel. 06526/375, www.camping-altschmiede.de, Koordinaten: 49.840671, 6.337119 | Einkaufsmöglichkeiten nach kurzer Radeltour an der Sauer bis Bollendorf | Besondere Angebote Ferienhäuser | Anfahrt am besten über luxemburgisches Staatsgebiet, hierfür ab Konz nach Wasserbillig und dort auf die Straße 10, durch das Sauertal bis zur Brücke nach Bollendorf, auf deutscher Seite dann wieder links halten und der Sauer weiter zum Campingplatz folgen | Saison 1. April – 31. Okt. | Kurz und knapp Großer Campingplatz, der aus einer alten Schmiede mit Eisenwerk aus dem 16. Jahrhundert entstand. Heute gehört er zu einem Bauernhof, der eine eigene Schnapsbrennerei beherbergt. Auf dem Campingplatz mangelt es an nichts. Neben den üblichen Einrichtungen wird ein Kanuverleih angeboten, und zum Platz gehört ein großes Freibad mit zwei Becken und drei Wasserrutschen.

68_Camping an der Mühle Vogelsang

Sieger bei Kabel 1

Es war im Jahr 2017, als sich fünf verschiedene Campingplätze öffentlich im privaten Fernsehen präsentierten und in einer der typischen Fernsehsendungen gegeneinander antraten. In einem sogenannten Sommerspecial der Doku-Soap »Mein Lokal, dein Lokal«, die auf dem Fernsehsender Kabel 1 unter dem Namen »Mein Camping, dein Camping« ausgestrahlt wurde, begegneten sich die Betreiber des Campingplatzes Loreleyblick in Sankt Goar, Mosel-Island bei Treis-Karden, des Feriendorfs Pulvermaar in Gillenfeld, des Burgstadt Campingparks in Kastellaun und des Campingplatzes an der historischen Mühle Vogelsang.

Letzterer hat die einwöchige Sendereihe nicht nur gewonnen, sondern die Aufzeichnung der Sendungen emotional auf dem campingeigenen Blog im Internet zum Nachlesen beschrieben. Dort liest man auch noch viel mehr. In der liebevoll so bezeichneten Kategorie »Vogelgezwitscher« erfährt man zum Beispiel, dass der Vater des Campingplatzbetreibers ursprünglich aus dem Oldenburger Land kommt und den dort populären Grünkohl mit an die Mosel brachte. Dort wird er noch heute in der zweiten Januarhälfte als sogenanntes grünes Gold angeboten. Das alles lässt schon bei der Reisevorbereitung Vorfreude auf einen schönen Campingplatz aufkommen. Dieses Liebevolle bei den Selbstbeschreibungen im digitalen Vogelgezwitscher wird in der realen Welt fortgeführt. Im urigen Ehrbachtal, einem Seitental der Mosel, befindet sich der gepflegte Campingplatz mit einem Fachwerkhaus, in dem die Mühle Vogelsang mitsamt dem campingeigenen Restaurant untergebracht ist. Gleich dahinter geht es weiter auf die lauschige Zelt- und Campingwiese. Sie erstreckt sich am Mühlgraben, der mit seinem Wasser wiederum das Mühlrad plätschernd antreibt. Kurzum, der Platz bietet eine Idylle, die man unbedingt im Fernsehen zeigen müsste, wenn man das nicht schon getan hätte.

Adresse Rhein-Mosel-Straße 63, 56332 Brodenbach, Tel. 02605/1437, www.muehle-vogelsang.de, Koordinaten: 50.220836, 7.444500 | **Einkaufsmöglichkeiten** mit dem Fahrrad an die Mosel und dann flussabwärts nach Alken | **Anfahrt** über die Bundesstraße 49 entlang der Mosel, am südlichen Moselufer in Brodenbach in die kleine Landstraße einbiegen und in das Seitental hineinfahren, der Platz erscheint nach wenigen Augenblicken | **Saison** ganzjährig | **Kurz und knapp** Ruhiger Campingplatz in einem Tal abseits des Rummels an der Mosel. Dennoch ist der Fluss in wenigen Gehminuten fußläufig erreichbar. Der Platz bietet die klassischen Annehmlichkeiten eines Campingplatzes und ein Restaurant, das in einer Spezialausgabe von »Mein Lokal, dein Lokal« geehrt wurde. Hunde erlaubt.

69__Campingplatz »Zum Feuerberg«

Ausgangspunkt für eine abenteuerliche Wanderung

Der Name des Campingplatzes scheint schon Bände zu sprechen. Doch ein Feuerberg oder ein Vulkan ist gar nicht das große Thema, wenn man nach Ediger-Eller an die Mosel fährt. Mit spektakulären Bezeichnungen ist man in der Region offensichtlich schnell bei der Sache. Denn nur zwei Kilometer vom Campingplatz entfernt beginnt der Einstieg in den Rundweg »Todesangst«. Und diese Bezeichnung ist alles andere als übertrieben.

Der Reihe nach: Der Campingplatz liegt idyllisch am linken Moselufer. Man übernachtet nah am Fluss und blickt über das Wasser auf die bewaldeten Hänge gegenüber. Hinter dem Campingplatz geht es ebenfalls steil hinauf durch die Weinberge. Doch etwas weiter flussaufwärts, gleich hinter der Eisenbahnbrücke von Ediger-Eller, geht es noch steiler zu. Dort erhebt sich der steilste Weinberg Europas mit einer Neigung von 60 Grad – sein Name: Calmont. Mit Monorailzügen fahren die Winzer hier zu ihren Weinlagen, um die Trauben zu lesen. Und genau durch diesen Weinberg verläuft der Calmont-Klettersteig, der von den Touristikern vor Ort als Rundweg »Todesangst« bezeichnet wird.

Gute Fitness, Kondition, Schwindelfreiheit und festes Schuhwerk sind vonnöten, um den schmalen Pfad auf dem teils losen Boden zu begehen. Meiden sollte man den Weg unbedingt in der Mittagshitze. So mancher musste sich schon wegen Kreislaufbeschwerden von der Höhenrettung aus dem Klettersteig bergen lassen. In anderen Fällen mag es auch tatsächlich die Todesangst gewesen sein, denn Leitern und Stifte, die aus der Schieferwand ragen, müssen überwunden werden, und das komplett ohne Klettersicherung. Diese Wanderung sollte man sich gut überlegen, doch zum Abschluss wartet am Gipfelkreuz oberhalb von Bremm die vielleicht schönste Aussicht auf die Mosel. Zurück kann man auch einfacher gehen und sich abends am Moselufer auf dem Campingplatz von der aufregenden Wanderung erholen.

Adresse Moselweinstraße 3, 56814 Ediger-Eller, Tel. 02675/701, www.zum-feuerberg.de, Koordinaten: 50.091571, 7.163224 | **Einkaufsmöglichkeiten** im Rahmen einer Radeltour am Moselufer in Richtung Cochem oder Alf | **Besondere Angebote** Brötchenservice, Tageszeitungen, Imbiss, Gaststube | **Anfahrt** B 49 entlang des Moselufers, den Campingplatz erreicht man am westlichen Ortseingang von Ediger-Eller | **Saison** 24. März – 31. Okt. | **Kurz und knapp** Klassischer Campingplatz mit den üblichen Serviceleistungen, direkt am Moselufer gelegen, bester Ausgangspunkt für eine Wanderung auf einem der spannendsten Wanderwege Deutschlands.

70__Pulvermaar Camping

Campen am Vulkankrater

Kreisrund – so präsentieren sich die Maarseen der Vulkaneifel in der Regel. Dabei handelt es sich um mit Wasser gefüllte Mulden, die in der Zeit des Vulkanismus entstanden sind. Sie sind in der gesamten Vulkaneifel verteilt und erinnern an die glühende Hochzeit der hiesigen vulkanischen Aktivität. Aktiv ist die Region zwar immer noch, wie man an austretenden Gasen, zum Beispiel am Laacher See, ablesen kann. Doch ein klassischer Vulkanausbruch, bei dem Magma zu sehen ist, ist in den nächsten Jahren nicht zu erwarten – hoffentlich. Für die Zukunft ausgeschlossen werden kann er aber nicht. Der letzte Vulkanausbruch in der Eifel liegt rund 11.000 Jahre zurück. Erdgeschichtlich betrachtet ist das nichts.

Beim Alter des Pulvermaares ist man sich unter den Wissenschaftlern uneins, ob der Seekrater vor 10.000 oder vor 30.000 Jahren entstanden ist. Fest steht, dass er das tiefste Maar der Vulkaneifel ist. Mit seiner Tiefe von 72 Metern zählt er sogar zu den tiefsten Seen Deutschlands. Typischerweise ist das Maar von einem Kraterwall umgeben, der bei den vulkanischen Aktivitäten entstanden ist. Auf diesem kann man den See mit seinem Durchmesser von knapp 650 Metern gut umrunden. Ausgangspunkt ist hier idealerweise der kleine Campingplatz, der gleichzeitig die einzige Ansiedlung am Seeufer ist.

Zwar kann man sein Wohnmobil nicht direkt am Ufer abstellen, doch die Terrasse des platzeigenen Bistros bietet einen wunderschönen Ausblick auf den ruhigen See. Um sich näher mit dem Thema Vulkanismus zu befassen, sollte man sich aufs Fahrrad schwingen und in den rund zehn Kilometer entfernten Ort Daun fahren. Dabei kommt man noch an weiteren Maaren vorbei, und man hat im Ort die Möglichkeit, das Vulkanmuseum zu besichtigen. Einen kleinen, gemütlichen Campingplatz wie diesen, zusammen mit so einer explosiven Lage, findet man nur selten. Das gilt übrigens auch für den benachbarten Wohnmobilstellplatz.

Adresse Am Pulvermaar 1, 54558 Gillenfeld, Tel. 06573/311, www.pulvermaarcamping.de, Koordinaten: 50.135206, 6.922204 | Einkaufsmöglichkeiten 20 Minuten Fußweg nach Gillenfeld | Anfahrt A 1, Ausfahrt Mehren und weiter über die B 421 in Richtung Strotzbüsch, nach gut vier Kilometern rechts zum Campingplatz abbiegen | Saison April–Okt. | Kurz und knapp Kleiner Campingplatz am Nordufer eines vulkanischen Sees (Maar), Kiosk, Bistro und ein großes Angebot an Eisbechern mit rund 90 Eissorten.

71_Wohnmobilhafen am Kränchen

Doppelter Burgenblick in Lahnstein

Die Lahn – sie ist 245 Kilometer lang und entspringt im sogenannten Lahntopf im Rothaargebirge. Nachdem sie sich zwischen Westerwald und Taunus in Richtung Südwesten geschlängelt hat, endet ihr Weg bei Lahnstein, wo sie auf den Rhein trifft. Ihr Ende ist zugleich Beginn für den Aufenthalt auf dem Wohnmobilhafen an der Lahnmündung. Nur ein Radweg trennt den Stellplatz vom Wasser der Lahn. Zum Vater Rhein muss man sich rechts halten und sage und schreibe 100 Meter zu Fuß zurücklegen. Das Besondere an diesem Platz sind jedoch nicht die beiden Flüsse. So etwas hat man auch an anderer Stelle, man denke nur an den Weserstein, wo Werra und Fulda sich treffen.

Nein, einzigartig ist der Blick vom Platz auf gleich zwei Burgen. Zugegeben, im Mittelrheintal ist das nicht schwer. Nicht weniger als ein Dutzend Burgen und Ruinen erheben sich zwischen Koblenz und Wiesbaden. Kein Wunder also, dass dieser Abschnitt des Rheins von der UNESCO als Weltkulturerbe geschützt wird. Schaut man vom Stellplatz in Richtung Südosten über die Lahn hinweg, so blickt man auf die Burg Lahneck, die im 13. Jahrhundert auf einem Felssporn errichtet wurde. In Richtung Südwesten hingegen sieht man am anderen Ufer des Rheins das Schloss Stolzenfels. Mit seinen Türmchen und Zinnen stellt es den Inbegriff der Rheinromantik dar. In seiner heutigen Form entstand das Schloss Anfang des 19. Jahrhunderts durch Umbauten, die Kronprinz Friedrich Wilhelm IV., späterer König von Preußen, in Auftrag gab. Zuvor handelte es sich um die Burg Stolzenfels, die aus der gleichen Epoche stammte wie die Burg Lahneck.

Übrigens, wem das an herrschaftlichen und historischen Bauwerken nicht ausreicht, der sollte noch die Lahn überqueren und am Rheinufer flussaufwärts spazieren. Nach nur 1.300 Metern folgt im Ortsteil Oberlahnstein mit dem Martinsschloss die dritte Burg im Bunde.

Adresse Johannesstraße 41, 56112 Lahnstein, Tel. 0171/8309646, www.wohnmobilhafen-lahnstein.de, Koordinaten: 50.309173, 7.598646 | **Einkaufsmöglichkeiten** nur ein paar Schritte vom Platz entfernt | **Anfahrt** ab Koblenz auf der rechten Rheinseite der B 42 südwärts bis Lahnstein folgen, im Ort nicht die Lahn überqueren, sondern am Nordufer bleiben und zur Mündung fahren | **Saison** ganzjährig | **Kurz und knapp** 60 Stellflächen für Wohnmobile auf Rasen und mit Blick auf die Lahn sowie auf gleich zwei Burgen im Welterbe Mittelrheintal, Ver- und Entsorgung vorhanden sowie vier Duschkabinen und Toiletten.

72__Camping am Nürburgring

Eventcamping für Hartgesottene

Am Campingplatz am Nürburgring scheiden sich die Geister. Kein Wunder, der Campingplatz befindet sich in schöner Hanglage nahe einem Wald und scheint auf den ersten Blick genau das Richtige für Naturfreunde zu sein. Doch anstatt mit einem Kuckucksruf einzuschlafen und von der Nachtigall geweckt zu werden, muss man hier mit etwas anderen Klängen rechnen. An die Nordseite des Campingplatzes grenzt nämlich der legendäre Nürburgring, auf dem bereits seit 1927 die Rennwagen ihre Runden drehen. Legendäre Fahrer wie Graham Hill, Stirling Moss und James Hunt haben den Grand Prix auf der Strecke im letzten Jahrhundert genauso gewonnen wie Michael Schumacher, Fernando Alonso und Sebastian Vettel im 21. Jahrhundert. Gleichzeitig wurde die Strecke aber auch berühmt für den tragischen Unfall von Niki Lauda im Jahr 1976.

Eine Grand-Prix-Strecke ist der Nürburgring zwar seit dem Jahr 2014 nicht mehr, doch es finden immer noch Rennen und Touristenfahrten auf der Piste statt. Besonders beliebt ist das 24-Stunden-Rennen für Tourenwagen, das ebenfalls zahlreiche Zuschauer und auch Campinggäste anlockt. Daher sollte man wissen, dass es auf diesem Stellplatz nicht ohne Fahrzeuglärm zugeht und Motorsport im Vordergrund steht. Und es kehrt nicht zwangsläufig Ruhe ein, wenn ein Rennen oder Training beendet ist. Oftmals sind Campinggäste auf dem Platz, die dem Motorsport innig verbunden sind und ihre Privatfahrzeuge selbst gern rennsportlich umbauten. Das kann dann dazu führen, dass die Motoren auch mal bis weit in die Nacht aufgedreht werden. Damit andere Campinggäste durch den Lärm nicht gestört werden, passt man die Musik dazu an, als wolle man die ganze Eifel beschallen. Motorsport-Enthusiasmus oder viel Toleranz sollte man also mitbringen, wenn man ein Eventcamping wie hier auf dem Platz am Nürburgring erleben möchte.

Adresse Kreisstraße 72, 53520 Müllenbach, Tel: 02692/224, www.camping-am-nuerburgring.de | Einkaufsmöglichkeiten Shop auf dem Gelände | Besondere Angebote Eventcenter mit Restaurant, Bar, Imbiss, Bierzelt, Livemusik bei Großveranstaltungen | Anfahrt A 61 bis zur Ausfahrt Mendig und weiter über die B 262 und B 258 bis Nürburg, dort natürlich nicht auf die Rennstrecke wechseln, sondern der Beschilderung zum Campingplatz folgen | Saison ganzjährig | Kurz und knapp Großer Campingplatz in der Eifel direkt neben der Grand-Prix-Strecke des Nürburgrings, nicht für ruhesuchende Camper geeignet, sondern mehr für motorsportbegeisterte Reisende.

73__Caravanpark Speyer

Einer der teuersten

Für einen reinen Wohnmobilstellplatz gibt man in der Regel 10 bis 15 Euro aus. Es dürfen auch gerne ein paar Euro weniger sein, und wenn es das Angebot zulässt, sitzt das Geld auch schon mal lockerer. Aber mit einem reinen Übernachtungspreis von 22 Euro (Stand: 2019) hat man auf dem Wohnmobilstellplatz in Speyer schon das Niveau von Campingplätzen mit allem Schnickschnack erreicht. Es gibt sogar Pensionen, die unter Umständen günstiger ausfallen können. Gut, die liegen nicht in Speyer direkt neben dem wirklich sehenswerten Technik Museum. Und genau das ist es, was der Stellplatz bietet: eine Lage neben der Ausstellung und eine fußläufige Erreichbarkeit der Innenstadt. Als Kontrast zum modernen Technik Museum erhebt sich dort der Dom zu Speyer, der zu Recht auf der Liste der schützenswerten Weltkulturerben der UNESCO steht.

Der Bau des Doms begann im frühen 11. Jahrhundert. Nach rund 100 Jahren war er das größte Bauwerk seiner Zeit, und noch heute gilt der Speyerer Dom als größte romanische Kirche weltweit. Dahingegen war die Boeing 747 einst das größte Passagierflugzeug der Welt. Rund 900 Jahre nach Fertigstellung des Doms kam eines dieser Flugzeuge nach Speyer und steht nun in Sichtweite des Bauwerks. Die Boeing gehört zu den Hauptattraktionen im Technik Museum und steht auf Stützen in luftiger Höhe. Über einen Turm kann das Innere des Flugzeugs erreicht werden. Und von dort geht es wiederum hinaus auf eine der Tragflächen. Wo sonst kann man schon auf der Tragfläche einer ausgewachsenen Boeing 747 stehen?

Alternativ kann man auch ein U-Boot besteigen oder sich mit der umfangreichen Fahrzeugsammlung im Inneren des Museums befassen. Das alles grenzt direkt an den Wohnmobilstellplatz, weswegen er ein wenig kostenintensiver ist als andere Plätze. Dafür gibt es eine kleine Ermäßigung im Museum, und wenn man das vorher weiß, kann man sich ja darauf einstellen.

Adresse Am Technik Museum, 67346 Speyer, Tel. 06232/67100, www.hotel-speyer.de/de/caravanpark, Koordinaten: 49.311407, 8.450519 | Einkaufsmöglichkeiten eine Viertelstunde Fußweg ins Stadtzentrum | Besondere Angebote Wohnwagen erlaubt | Anfahrt A 61, Ausfahrt 64, dann über die B 39 in Richtung Speyer fahren, nach Überquerung des Rheins die erste Ausfahrt zum Technik Museum nehmen | Saison ganzjährig | Kurz und knapp Nach eigenen Angaben Platz für 90 Reisemobile und Gespanne. Die Bezahlung erfolgt rund um die Uhr im benachbarten Hotel, wo man morgens zusätzlich ein Frühstück buchen kann. Im Preis enthalten sind eine Ermäßigung für das angrenzende Museum und die Nutzung der Sanitäreinrichtungen.

74__Campinginsel Sonnenwerth / Mosel-Islands

Camping auf einer Flussinsel

Mitten auf dem Festland und doch auf einer Insel. Deutschland bietet mehr Binneninseln, als man sich vielleicht im ersten Augenblick vorstellen mag. Man denke nur an die vielen Seen, die ein oder mehrere Eilande umgeben. Mit den Inseln Herrenchiemsee und Mainau sind da sogar einige Berühmtheiten dabei. Meistens fallen einem aber erst später die ebenfalls zahlreichen Flussinseln ein. Die Donau, Havel, Isar und natürlich auch der Rhein haben mehrere davon. Die im Rhein gelegene und bewohnte Flussinsel Niederwerth bei Koblenz ist zum Beispiel sogar die einzige Flussinselgemeinde in ganz Deutschland.

Doch Flussinseln mit Campingplätzen gibt es weniger als eine Handvoll in Deutschland. Gleich zwei davon werden vom Wasser der Mosel umspült. Bei Treis-Karden liegt auf der Pommerer Werth der Campingplatz Mosel-Islands, während weiter flussabwärts die Hatzenporther Werth den Campingplatz Sonnenwerth beherbergt. Auffällig ist übrigens immer die Namensendung -werth. Diese Bezeichnung steht für Flussinsel und wurde hierfür nachweislich schon im 8. Jahrhundert verwendet. Weitere bekannte Ableitungen hiervon sind -wörth, -ward und -werder.

Die durch die stete Strömung der Mosel lang gestreckte Hatzenporter Werth ist nur im westlichen Teil ein wenig bewaldet. Der Großteil der Insel steht ausschließlich dem Campingplatz zur Verfügung. Dieser wiederum ist über eine kleine Brücke am Nordufer der Mosel mit dem Ort Hatzenport verbunden. Ähnlich ist es bei der Pommerer Werth mit dem Campingplatz Mosel-Islands, nur dass diese Insel mit dem südlichen Moselufer verbunden ist und die Insel an ihrem östlichen Ende auch noch über einen kleinen Bootshafen verfügt. Doch egal, für welchen Flussinsel-Campingplatz man sich entscheidet: Mitten in Deutschland ist man ganz abgeschieden auf einem Eiland, und man kann entspannt mal gar nichts tun.

Adresse Mosel-Islands-Campingplatz, Am Laach, 56253 Treis-Karden, Tel. 02672/2613, www.mosel-islands.de, und Campinginsel Sonnenwerth, Hatzenporter Werth 1, 56332 Hatzenport, Tel. 02605/2151, www.campinginsel-hatzenport.de, Koordinaten: 50.170514, 7.293181 (Mosel-Islands) und 50.225486, 7.409292 (Camping Sonnenwerth) | **Einkaufsmöglichkeiten** bei Mosel-Islands direkt am Flussufer, bei Sonnenwerth keine in der näheren Umgebung | **Besondere Angebote** Mosel-Islands: Schlaffass, Bootsrestaurant; Campinginsel Sonnenwerth: Brötchenservice, Getränkeverkauf | **Anfahrt** Beide Campingplätze sind über die B 416 zu erreichen, die am Ufer der Mosel zwischen Cochem und Koblenz verläuft. Für den Mosel-Islands-Campingplatz verlässt man die B 416 und überquert bei Treis-Karden die Mosel zum südlichen Ufer. | **Saison** beide Plätze circa März–Okt., bitte Homepage beachten | **Kurz und knapp** Beide Campingplätze bieten eine Vielzahl an großzügigen Stellflächen und sind mit den üblichen Camping-Einrichtungen ausgestattet. Der Campingplatz Mosel-Islands besitzt darüber hinaus einen Wohnmobilstellplatz für den günstigeren Kurzaufenthalt.

75__Camping-Freizeitzentrum Sägmühle

Camping für zehn Pfennig

»Zehn Pfennig für die Übernachtung? Unverschämt, da fahre ich nie wieder hin.« So oder ähnlich dürften im Jahr 1950 die Reaktionen im Pfälzerwald gewesen sein, als man beschloss, für das Camping plötzlich eine Gebühr zu erheben. Die Anfänge des heutigen Campingplatzes Sägmühle bei Trippstadt reichen aber noch viel weiter in die Vergangenheit zurück. Ursprünglich handelte es sich um ein kleines Sägewerk mit einem Bauernhof und einer kleinen Gaststätte. Dass der Haupterwerb beim Sägewerk lag, glaubt man sofort, denn noch heute ist der Campingplatz vom weitläufigen Pfälzerwald umgeben.

Die Großeltern des heutigen Betreibers erwarben den Hof im Jahr 1930 und führten diesen zunächst einmal weiter. Dazu gehörte auch eine Kuhweide an einem kleinen See in dem Tal, in dem sich der Bauernhof befand. Nach dem Zweiten Weltkrieg wurde diese Kuhweide ganz gerne von Zelttouristen zur Erholung aufgesucht. Kein Wunder, die Lage war damals genauso schön wie heute. Und so kam das Jahr 1950, als der Großvater der Familie Nothof sich erlaubte, für die Übernachtung auf seiner Kuhweide zehn Pfennig zu verlangen. Die Aufregung bei den Urlaubern war groß, man kennt das ja.

Doch der Unmut über die Gebühr legte sich schnell, als eine Dusche und eine Toilette gebaut wurden. Letztere war zwar nur ein sogenanntes französisches Stehklo, aber immerhin. Es reichte, um die Gemüter wieder zu beruhigen. Nur der Großvater grummelte noch ein wenig, weil er die sogenannten »Nacktärsche« eigentlich nicht auf seiner geliebten und besten Kuhweide haben wollte. Doch zu spät: Der Grundstein für den heutigen Campingplatz war gelegt. Inzwischen gibt es moderne Sanitäreinrichtungen mit Fußbodenheizungen und ohne umständliche Duschmarken.

Den See gibt es heute noch, und er wird gerne zum Tretbootfahren genutzt. Drum herum erlebt man einen erstklassigen Campingplatz.

Adresse Sägmühle 1, 67705 Trippstadt/Pfalz, Tel. 06306/92190, www.saegmuehle.de, Koordinaten: 49.350929, 7.779681 | **Einkaufsmöglichkeiten** Shop am Platz | **Besondere Angebote** Mobilheime, Restaurant, Tennisplätze, Bogenschießen, Dart, Vermietung von Mountainbikes, Boule, Riesenschach, Minigolf | **Anfahrt** bei Kaiserslautern die A 6 verlassen und über die B 270 südwärts in Richtung Schopp, kurz vor dem Ort links auf die Landstraße in Richtung Campingplatz | **Saison** ganzjährig | **Kurz und knapp** Großer Campingplatz mit anekdotenreicher Geschichte in einem gemütlichen Tal des Pfälzerwaldes. Der Platz bietet neben den klassischen Einrichtungen mehrere Sport- und Freizeitmöglichkeiten.

76 Wohnmobilpark im Saarland Thermen Resort

Von Frankreich umgeben

Im Westen geht es für gewöhnlich nach Frankreich. Vom Wohnmobilpark im Saarland Thermen Resort sind es sogar nur 500 Meter Luftlinie bis zur französischen Grenze. Allerdings muss man einen kleinen Umweg in Kauf nehmen, wenn man das Nachbarland besuchen möchte. Denn trockenen Fußes erreicht man Frankreich nicht auf direktem Wege, da die Saar hier den Grenzfluss zwischen Deutschland und Frankreich bildet. Etwas weiter nördlich lässt sich der Fluss jedoch problemlos über eine Brücke überqueren.

Im Süden geht es auch nach Frankreich. Allerdings nur mit dem Zug. Dann fährt man durch den Kleinblittersdorfer Ortsteil Rilchingen-Hanweiler, überquert ebenfalls die Saar und gelangt nach Saargemünd. Richtig heißt der Ort Sarreguemines, denn er befindet sich natürlich auf französischem Boden.

Und auch im Osten geht es nach Frankreich. Ungewöhnlich, ja. Aber der Wohnmobilpark befindet sich in einer Schleife, die hier die Staatsgrenze bildet, und so hat man die seltene Gelegenheit, ostwärts nach Frankreich zu fahren. Allerdings muss man auch hier wieder einen Fluss überqueren. Die Blies ist es dieses Mal, die weiter südlich in die Saar mündet. Nur im Norden kann man den Stellplatz verlassen, ohne eine Grenze zu überqueren. Aber hier möchte man sowieso nicht so schnell wieder weg. Der Platz ist erst im Jahr 2017 entstanden und daher nach modernsten Maßstäben angelegt. Man kann ihn zweifellos als einen der schönsten Stellplätze im Saarland bezeichnen. Zugegeben, viele Stellplätze hat das kleine Bundesland aufgrund seiner Größe natürlich nicht, aber die Latte für künftige Bauprojekte hängt jetzt sehr hoch. Der liebevoll angelegte Platz mit seinen drei Kreisverkehren (hier spürt man die Nähe zum kreiselliebenden Frankreich) befindet sich gleich neben der Saarland-Therme, die nur wenige Jahre älter ist und Wellness und Beauty verspricht.

Adresse Zum Bergwald 8, 66271 Kleinblittersdorf, Tel. 06805/9418500, www.womopark-saar.de, Koordinaten: 49.129556, 7.052481 | Einkaufsmöglichkeiten zehn Minuten Fußweg entfernt | Besondere Angebote Gasflaschentausch | Anfahrt ab Saarbrücken über die B 51 durch Kleinblittersdorf und weiter an der Saar entlang bis zum Abzweig zum Saarland Thermen Resort | Saison ganzjährig | Kurz und knapp Moderner Wohnmobilstellplatz mit 61 großzügig angelegten Stellflächen auf Schotter, Ver- und Entsorgungsstation und Toilette sind vorhanden. Täglich außer am Sonntag kommt der örtliche Bäcker mit seinem Brötchenwagen auf den Platz gefahren und bietet seine Backwaren feil.

77_Campingpark Lug ins Land

Camping mit Aussicht

Es soll ja Campingplätze geben, die es mit ihrem Namen nicht ganz so genau nehmen und vielleicht etwas übertreiben, um Gäste anzulocken. Der Campingplatz Lug ins Land gehört definitiv nicht dazu, denn »Lug ins Land« trifft die Sache genau. Wohnmobiltouristen und Anreisende mit einem Wohnanhänger merken es zwar auch, aber nehmen es möglicherweise nur am Rande zur Kenntnis. Doch wer beispielsweise auf einer größeren Fahrradreise durch Deutschland unterwegs ist und mit schweren Packtaschen am Rhein entlangradelt, wird beim Namen »Lug ins Land« hellhörig.

Beim Blick auf eine grobe Straßenkarte sollte man sich nämlich nicht davon irreführen lassen, dass der Campingplatz bei Bad Bellingen nur 700 Meter vom Rheinufer entfernt ist. Wir reden hier nur von Luftlinie. Auf der Straße sind es vom Rheinufer bis zum Campingplatz eineinhalb Kilometer. Bei einem Höhenunterschied von 63 Metern kommt man auf eine Steigung von etwas mehr als drei Prozent. Eigentlich keine große Sache. Doch nach einem anstrengenden Tag auf dem Fahrradsattel ist so ein Anstieg zum Schluss der Tagesetappe noch eine letzte Herausforderung, bevor man die Aussicht vom Lug ins Land genießen kann. Letztendlich schafft man selbstverständlich auch diese Steigung noch.

Am Abend kann man einen tollen Ausblick über das Rheintal hinweg nach Frankreich genießen. Außerdem ist man damit auch noch ein bisschen geübter und trainiert für die nächsten Steigungen, die auf der Radreise sicherlich noch kommen werden. Wohnmobilreisende sind aber mit der Bezeichnung des Platzes gut informiert. Denn Gleiches gilt natürlich für diejenigen, die sich nach einer gemütlichen Womo-Fahrt noch auf einen kurzen Spaziergang am Rheinufer freuen. Kein Problem, doch zurück zur Parzelle geht es ebenfalls steil bergauf.

Adresse Römerstraße 3, 79415 Bad Bellingen, Tel. 07635/1820, www.camping-luginsland.de, Koordinaten: 47.713542, 7.547718 | **Einkaufsmöglichkeiten** mit dem Fahrrad in Bad Bellingen | **Besondere Angebote** Restaurant, Bistro, Friseur, Gesundheitscenter, Mobilheime, Schlaffass, Tipi, Ferienwohnungen, Kräutergarten, Kinderclub, Spielplatz, Ponyreiten, Streichelzoo | **Anfahrt** A 5, Ausfahrt 67, Efringen-Kirchen, dann Burgunderstraße in Richtung Bad Bellingen fahren, hinter dem Feuerwehrhaus rechts die Alte Weinstraße durch die Weinberge hinauf und durch Bamlach hindurch | **Saison** ganzjährig | **Kurz und knapp** Großer Campingplatz mit geräumigen Parzellen und tollem Ausblick in Richtung Vogesen. Neben dem platzeigenen Bistro lädt ein kleiner Swimmingpool zum Abkühlen nach anstrengenden Fahrradtouren ein.

78__WellMobilPark

Wieder ein Kofferwort

Brunch, Brexit und Motel – berühmte Begriffe, die durch sich überlappende Wörter entstehen: Breakfast und Lunch ergibt Brunch, wer wüsste das nicht. Solche Begriffe nennt man Kofferwort. Der Betreiber des Wohnmobilstellplatzes in Bad Schönborn im nördlichen Baden-Württemberg hat eine Kofferwort-Bildung für seinen Wohnmobilstellplatz genutzt. Er verband zwei Wörter zu einem selbst kreierten sogenannten Kofferwort: WellMobilPark.

Auch ohne linguistische Fähigkeiten ist klar erkennbar, was das bedeuten soll, denn ein Kofferwort entsteht durch die Verbindung zweier Wortteile anderer Begriffe. Der WellMobilPark punktet somit mit der Verbindung von Wellness und Reisemobilen. Am östlichen Ortsrand findet man den geräumigen Platz eingebettet zwischen Kurkliniken und fußläufig zum Kurpark, wo der schmale Mühlbach seinen Weg findet.

Gleich daneben liest man das nächste Kofferwort. Das Thermarium ist die Wellness-Oase neben dem Stellplatz. Das Heilwasser der Lambertusquelle steht hier im Mittelpunkt und fördert die Durchblutung der Muskulatur und die Beweglichkeit der Gelenke. Das gilt besonders, wenn man die Aqua-Gymnastik-Kurse unter fachlicher Anleitung besucht. Wer sich weniger bewegen möchte, der kann sich bei verschiedenen Massagen oder beim schweißtreibenden Saunabesuch erholen.

Nicht zu vergessen sei die Totes-Meer-Salzgrotte, in der es einfach nur darum geht, entspannt im Liegestuhl zu verweilen und die salzhaltige Luft einzuatmen. Um das alles genießen zu können, bietet der WellMobilPark verschiedene Übernachtungs- und Wellnesspakete an, die direkt im Service Center des Stellplatzes gebucht werden können. Und wer sich lieber in der freien Natur rund um Bad Schönborn bewegen möchte, leiht sich am besten am Platz ein Pedelec, was übrigens auch ein Kofferwort ist (Pedal Electric Cycle).

Adresse Kraichgaustraße 16, 76669 Bad Schönborn, Tel. 07253/968459, www.wellmobilpark.de, Koordinaten: 49.218426, 8.671720 | **Einkaufsmöglichkeiten** fußläufig im Ortsteil Bad Mingelsheim | **Besondere Angebote** Brötchenservice, E-Bike-Verleih, Wellnessberatung | **Anfahrt** A 5 bei Kronau verlassen und durch Kronau bis Bad Schönborn, dort der Beschilderung zum Thermarium und zum Stellplatz folgen | **Saison** ganzjährig | **Kurz und knapp** 86 Stellflächen für Reisemobile auf Schotter, Strom sowie Ver- und Entsorgungsstation und WLAN sind vorhanden. Öffentliche Toiletten können im Foyer des Thermariums in der Saison genutzt werden.

79 Wohnmobilstellplatz Bad Waldsee

Stellplatz mit Museum

Einen Wohnmobilstellplatz mit Anschluss an ein Museum zu finden ist nicht ganz so schwierig. Die Übernachtung im Wohnmobil mit kultureller Anbindung ist in vielen Städten Deutschlands möglich. Doch ein Museum, das sich mit dem Thema Wohnmobil, Camping und Reise befasst, kommt in unserem Land dann doch eher selten vor. Die Rede ist vom Erwin Hymer Museum in Bad Waldsee. Erwin Hymer dürfte namentlich jedem Wohnmobilisten bekannt sein. Der 1930 in Bad Waldsee geborene Unternehmer ist der Gründer der Marke Hymer, die für hochwertige Reisemobilfahrzeuge steht. Zur Unternehmensgruppe gehören mittlerweile auch viele andere namhafte Reisemobilhersteller wie Dethleffs, Bürstner und Laika.

Zahlreiche Fahrzeugembleme, die man von verschiedenen Wohnmobilstellplätzen und Campingplätzen kennt, vereinen sich daher in Bad Waldsee. Erwin Hymer, der im Jahr 2013 verstarb, gründete neben dem Unternehmen auch das Museum, das sich als »Museum des mobilen Reisens« versteht und den Besucher in 80 Wagen um die Welt reisen lässt. So viele verschiedene Wohnwagen und Reisemobile aus den Anfängen des Campingtourismus bis in die Gegenwart sind dort zu sehen. Darüber hinaus werden verschiedene Themenwelten wie Skandinavien oder der Alpenraum gezeigt. Und wie bei einer geführten Wohnmobilreise kann man sich natürlich auch einer Führung durch die Ausstellungshallen anschließen.

Daher zählt das Erwin Hymer Museum sicherlich zu den Ausstellungen in Deutschland, die man als Wohnmobilist oder Caravanfreund gesehen haben sollte. Schade nur, dass der Wohnmobilstellplatz von Bad Waldsee nicht direkt am Museum liegt, sondern zwei Kilometer entfernt im südlichen Teil der Stadt. Aber mit dem Fahrrad kann man die kurze Wegstrecke zwischen Stellplatz und Museum gut und schnell zurücklegen.

Adresse Wohnmobilstellplatz Therme Bad Waldsee, Unterurbacher Weg 26, 88339 Bad Waldsee, www.waldsee-therme.de, Koordinaten: 47.914600, 9.760513 | **Einkaufsmöglichkeiten** Innenstadt fußläufig erreichbar | **Anfahrt** A 96 bei Leutkirch verlassen und über die B 465 nach Bad Wurzach, weiter über kleinere Landstraßen nach Bad Waldsee | **Saison** ganzjährig | **Kurz und knapp** Wohnmobilstellplatz für rund 35 Fahrzeuge gegenüber der Waldsee-Therme. Ver- und Entsorgung sowie Stromanschlüsse vorhanden. Auf Sanitäranlagen muss man verzichten oder die Therme aufsuchen.

80 Fortuna Camping am Neckar

Wenn einer auszieht, sein Glück zu suchen

Fortuna ist allseits bekannt als die Glücksgöttin aus der römischen Mythologie. Zahlreiche Tempel im Römischen Reich waren ihr gewidmet, und heute begegnet man ihrem Namen nicht selten im Zusammenhang mit diversen Fußballvereinen, die sich offensichtlich ein wenig Glück für ihre Spiele wünschen.

Björn Andres und seine Familie haben ebenfalls ihr Glück gesucht und auch gefunden. Der Familienvater ist von Hause aus eigentlich gelernter Radio-Fernsehtechniker und war ursprünglich bei einem großen amerikanischen Konzern in der Unterhaltungselektronik tätig. So betrachtet, hat er sein Glück klassischerweise in Amerika gesucht. Doch Björn Andres und seine Frau verkauften das Haus und zogen an den Neckar. Dort bauten sie einen der beliebtesten Campingplätze der Region auf und arbeiteten hart an ihrem Erfolg und an ihrem Glück.

Glück haben aber auch ihre Gäste, denn mit der Aufgabe seiner ursprünglichen Tätigkeit endete natürlich nicht sein technisches Fachwissen. Und so erhielt der Fortuna-Campingplatz einen Mehrwert, den es in dieser Form so noch nirgendwo gibt – einen Online-Brötchenservice. Kennt man einen Brötchenservice auf Camping- und Wohnmobilstellplätzen sonst nur in klassischer Form, so lernt man hier die digitale Bestellmöglichkeit kennen.

Mit wenigen Klicks meldet man sich im platzeigenen Portal via Handy oder Tablet an und kann sich bequem von der Dinette im Wohnmobil aus bis 20 Uhr das Frühstück für den nächsten Morgen bestellen. In der analogen Variante, also persönlich an der Rezeption, kann die Bestellung nur bis 18 Uhr abgegeben werden. Auch in Sachen Gastronomie hat der Gast Besuch von Fortuna. Leckere Spezialitäten werden dem Gast kredenzt, bevor er dann pappsatt und glücklich die wenigen Meter zu seinem Wohnmobil zurückkehrt.

Adresse Neckarstraße 6, 74862 Binau, Tel. 06263/669, www.fortuna-camping.de, Koordinaten: 49.365005, 9.057896 | **Einkaufsmöglichkeiten** kurze Fahrt mit dem Rad am Fluss entlang bis Diedesheim | **Besondere Angebote** Restaurant Uferglück, Schäferwagen | **Anfahrt** der B 38 am Neckarufer folgen, zwischen Mosbach und Neckargerach befindet sich der Campingplatz direkt am Ufer | **Saison** eine Woche vor Ostern bis zum letzten Freitag im Oktober | **Kurz und knapp** Familiär geführter Campingplatz mit freundlichen Betreibern und 80 Parzellen für Reisemobile und Wohnwagen sowie weitere 60 Zeltplätze. Außerdem gibt es einen Bootsanleger am Neckarufer sowie in der Hochsaison ein solarbeheiztes Freibad.

81__Reisemobilpark Turm und Kristalle

Das Wohnmobil von oben betrachtet

Zugegeben, die Überschrift klingt übertrieben und soll neugierig machen. Und der Wohnmobilstellplatz in Dietingen verfolgt mit dem Namen »Turm und Kristalle« dasselbe Ziel. Am südlichen Ortsausgang der kleinen Ortschaft parkt man sein Wohnmobil auf dem Wohnmobilstellplatz gleich neben der Welt der Kristalle, einem Museum, das 2011 seine Pforten öffnete. Hier wird man seither wunderbar in die Geschichte der Kristalle und Mineralogie eingeführt.

An allen Ecken blinkt und blitzt das farbenfrohe Gestein in den Ausstellungsräumen. Im dazugehörigen Shop kann man sich mit Kristallen in allen erdenklichen Variationen eindecken und sich oder sein Wohnmobil schmücken. Der größte Kristall bleibt aber besser ein Ausstellungsstück. Es handelt sich um den vier Meter hohen Amethystkristall, der rund 100 Millionen Jahre alt ist. Kein Wohnmobil der Welt hat so viel Zuladungsmöglichkeit, dass er hineinpassen würde.

Die zweite Sehenswürdigkeit ist rund drei Kilometer vom Stellplatz entfernt, aber dennoch deutlich sichtbar. Der thyssenkrupp Testturm am Stadtrand von Rottweil dient der Firma zum Testen von Expressaufzügen und Hochgeschwindigkeitsfahrstühlen. Damit ist er weltweit der höchste Testturm für Aufzüge. Das Besondere daran: Man kann als Besucher mittesten. Von Freitag bis Sonntag und an Feiertagen kann man zwischen 10 und 18 Uhr (samstags 10–20 Uhr) mit dem Fahrstuhl hinauffahren. Nach der rasanten Fahrt befindet man sich schließlich auf 232 Metern Höhe und damit auf der höchsten Besucherplattform in Deutschland. Zum Vergleich: Der Berliner Fernsehturm Alex ist zwar deutlich höher und gilt als das höchste Bauwerk des Landes, die Aussichtsplattform in der berühmten Kugel ist jedoch nur in einer Höhe von 203 Metern. Der Reisemobilpark Turm und Kristalle macht also nicht nur neugierig, sondern ist auch noch spannend.

Adresse Fronstraße 7, 78661 Dietingen, Tel. 0157/80797811, www.reisemobilpark-turm-und-kristalle.de, Koordinaten: 48.200388, 8.646234 | Einkaufsmöglichkeiten Supermarkt 100 Meter entfernt | Anfahrt A 81, Ausfahrt 34 (Rottweil), dann B 462 und B 27 Richtung Rottweil, dabei passiert man bereits den Testturm. Hinter diesem folgt man der Ausschilderung nach Dietingen. Der Platz erscheint auf der rechten Seite gleich hinter der Welt der Kristalle. | Saison ganzjährig | Kurz und knapp Auf Schotterrasen befinden sich hier 48 Stellplätze in unterschiedlichen Größen (5 mal 8 Meter bis 7 mal 12 Meter). Ver- und Entsorgung sowie Stromanschlüsse vorhanden.

82__Wohnmobilstellplatz Forbach

Wie der Vater, so der Sohn

»Guten Tag, möchten Sie bei uns übernachten? Mein Vater kommt gleich«, so der Spross der Familie bei unserer Ankunft auf dem Stellplatz in Forbach. Knappe zehn Jahre alt und schon geschäftstüchtig. Sein Vater ist Malermeister und hat seinen Betrieb gleich neben dem Wohnmobilstellplatz. Fünf Plätze, mit Baumstämmen abgetrennt und auf Schotter, bilden hier dieses Areal auf einem ehemaligen Parkplatz. Nach vorn gibt es einen Holzzaun. Er schützt davor, dass man den Abhang hinunterfährt und in die Murg stürzt, die sich hier in einem engen Tal ihren Weg bahnt. Für die farbenfrohen Holzblumen, die den Zaun zieren, wurde vermutlich auch der Sohn des Malermeisters eingespannt.

Der Platz ist einfach und zweckmäßig, immerhin bietet er Strom und WLAN. Aber er ist definitiv mit Liebe eingerichtet und wird von einer freundlichen Familie betrieben, die man im Laufe seines Aufenthaltes kennenlernen wird. Nach der Begrüßung durch den Sohn trifft man wenig später auf den Vater, wenn er von seiner Hauptarbeit als Malermeister nach Hause zurückkehrt. Dann gibt es noch eine nette Unterhaltung und einige Tipps, was man in Forbach unternehmen kann. Wussten Sie, dass das längste Holzbrett der Welt am Bahnhof von Forbach hängt und sich einen Eintrag im Guinnessbuch der Rekorde verdient hat?

Spaziert man in Richtung Ort und wird nach wenigen Minuten unterwegs von einem Regenguss eingeholt, dann dauert es nicht lange, bis der Vater mit seinem Privat-Pkw auftaucht und neben einem anhält, um durch das Beifahrerfenster Regenschirme anzureichen. Nach dem Rundgang durch den Ort gibt man die Schirme dann einfach bei den Schwiegereltern ab. Sie sitzen auf der Bank vor dem Haus des Malermeisters und genießen die Aussicht. Eine wunderbare Familie, die man einfach gernhaben muss.

Adresse Murgtalstraße 1, 76596 Forbach, Tel. 0172/7420614, www.wohnmobilstellplatz-forbach-gausbach.business.site, Koordinaten: 48.688881, 8.362249 | **Einkaufsmöglichkeiten** fußläufig in Forbach | **Besondere Angebote** Brötchen- und Gasflaschenservice | **Anfahrt** A 5, Ausfahrt Rastatt-Nord, dann B 462 durch das Murgtal bis Forbach, gleich hinter dem Ortseingang zweimal links abbiegen, zunächst in die Murgstraße und gleich darauf in die Murgtalstraße. Nach wenigen Metern erhebt sich links das Haus des Malermeisterbetriebs, und dahinter sieht man schon den kleinen Wohnmobilstellplatz. | **Saison** ganzjährig | **Kurz und knapp** Einfacher und kleiner Wohnmobilstellplatz für maximal fünf Fahrzeuge. Betrieben wird der Platz von einer sehr freundlichen Familie, die sich über jeden Gast freut und einem sogar Schirme bringt, wenn man bei der Stadtbesichtigung vom Regen überrascht wird.

83__Camping Bankenhof

Es wird sportlich

Beinahe jeder Campingplatz in Deutschland hat ein Angebot an Sport- und Freizeitmöglichkeiten – mal mehr, mal weniger. Der Campingplatz Bankenhof macht da keine Ausnahme. Allein durch die Tatsache, dass sich der Platz mitten im Schwarzwald befindet, kann man auf zahlreichen Wegen seiner Wanderlust frönen. In der Tat verläuft hier der beliebte Fernwanderweg namens Westweg. Er startet in Pforzheim und führt den Wanderer am Campingplatz Bankenhof vorbei bis zum Dreiländereck bei Basel. Alternativ kann man auf dem Schwarzwald-Querweg von Freiburg zum Bodensee gelangen und ebenfalls den Campingplatz kennenlernen.

Aber wir wollen nicht gleich eine Fernwanderung unternehmen, sondern ein wenig auf und am Campingplatz aktiv sein. Manch einer behauptet, Angeln wäre auch ein Sport. Nun gut, zumindest kann man dieser Freizeitaktivität am vorbeifließenden Seebach nachkommen. Für etwas mehr Bewegung startet man am Campingplatz vielleicht auch zu einer der zahllosen Mountainbike-Touren, die in der Umgebung angeboten werden. Wer nur zuschauen möchte, ist Mitte Juni gut aufgehoben, wenn der Black Forest Ultra Bike Marathon stattfindet und circa 4.000 Mountainbiker am Campingplatz vorbeisausen.

Eine weitere, vielleicht sogar *die* Besonderheit des Platzes sind die hauseigenen Langlaufloipen. Im Winter direkt vom Wohnwagen in die Skier springen, und dann geht es ab auf eigens gespurten Loipen mit Strecken von drei und fünf Kilometern. Selbstverständlich stellt der Campingplatz Bankenhof einen Ski-Keller zur Verfügung.

Auch das Schwimmen im 300 Meter entfernten Titisee ist natürlich möglich. Allerdings muss man zugeben, dass zwei benachbarte Mitbewerber hier die Nase vorn haben. Diese haben einen eigenen Zugang zum Ufer des Sees, während sich der Campingplatz Bankenhof ein wenig in der zweiten Reihe befindet. Aber wie man sieht, hat man dort sowieso erst mal genug zu tun.

Adresse Bruderhalde 31a, 79856 Hinterzarten, Tel. 07652/1351, www.camping-bankenhof.de, Koordinaten: 47.885832, 8.130797 | Einkaufsmöglichkeiten SB-Laden mit Stehcafé am Platz | Besondere Angebote Mietwohnwagen, Ferienwohnung, Wellnessangebote, Yoga, Restaurant und vieles mehr | Anfahrt B 31 bis Titisee-Neustadt und weiter der Beschilderung am Titisee bis zum Campingplatz folgen | Saison ganzjährig | Kurz und knapp Klassischer Campingplatz in toller Lage mit allen erdenklichen Infrastruktur-Einrichtungen. Vor der Schranke gibt es darüber hinaus einen Wohnmobilstellplatz für den Kurzaufenthalt. Highlight im Winter ist die hauseigene Langlaufloipe, aber es werden auch zahlreiche andere Sportaktivitäten angeboten.

84 Naturpark-Camping Suleika

Die wohl steilste Zufahrt im Land

Es ist ein wirklich schönes Tal, das Mittelrheintal zwischen Koblenz und Wiesbaden. Das fanden auch die Damen und Herren der UNESCO, die ebendiese Region im Jahr 2002 zum Weltnaturerbe erklärten. Vermutlich waren sie bei ihrer Besichtigung der lieblichen Ortschaften nicht mit einem Wohnmobil oder gar einem Wohnanhänger unterwegs. Oder vielleicht doch – und gerade wegen der teils abenteuerlichen Fahrten, die man dann mancherorts absolvieren muss, kamen sie zu ihrem Urteil, dass man diese Landschaft unbedingt für die Nachwelt erhalten müsse.

Natürlich ist es keine Plackerei, mit einem Wohnwagengespann durchs Mittelrheintal zu fahren. Immerhin verläuft rechtsrheinisch die Bundesstraße 42. Am anderen Ufer ist es die Bundesstraße 9, die den Urlauber zu zahlreichen Camping- und Wohnmobilstellplätzen bringt. Der Campingplatz Suleika befindet sich auf hessischer Seite gegenüber von Trechtingshausen. Doch er liegt nicht direkt am Ufer des Rheins, sondern in einem kleinen und deutlich ruhigeren Seitental. Das führt jedoch dazu, dass man ein wenig Fahrgeschick mitbringen muss, wenn man seinen Camper durch die Weinberge vom Rheinufer über die schmale Straße zum Campingplatz steuern möchte. Die fast drei Kilometer lange Strecke ist maximal drei Meter breit und daher für Wohnmobile und Gespanne als Einbahnstraße ausgezeichnet. Außerdem muss man in den Weinbergen immer wieder mit Traktoren und den Arbeiten der Winzer rechnen. Da kann es schon mal passieren, dass man zwischendurch auch kurz warten muss. Aber bei so einer atemberaubenden Zufahrt schadet eine Pause nicht. Erst recht nicht, wenn man dabei in Ruhe den Ausblick auf das malerische Rheintal genießen kann.

Und hat man die abenteuerliche Anfahrt hinter sich gebracht, erwartet einen zur Belohnung ein schöner Campingplatz mit Aussichten und Ruhe im schmalen Bodenthaler Bachtal.

Adresse Im Bodenthal 2, 65391 Lorch, Tel. 06726/839402, www.suleika-camping.de, Koordinaten: 50.017742, 7.853994 | Einkaufsmöglichkeiten keine | Besondere Angebote Verpflegungsstation mit Brötchenservice, Weinhaus mit warmer Küche | Anfahrt Bis Lorch über die B 42 am rechten Ufer des Rheins, am Südrand des Ortes die Rheinuferstraße verlassen und über die Gleise in den Bächergrund, von dort über die Straße der Winzer durch die Weinberge, rund drei Kilometer mit einiger Kurbelei bis zum Campingplatz. Die direkte und kürzere Zufahrt ist nur für Pkw unter 2,20 Meter möglich. | Saison 15. März – 31. Okt. | Kurz und knapp Schöner Campingplatz in ruhiger Lage in einem Seitental des Rheins. Die sonst üblichen Lärmbelästigungen durch die Bundesstraßen und durch den Zugverkehr im Rheintal sind hier erheblich geringer, teilweise gar nicht zu hören. Terrassenförmig im Naturschutzgebiet angelegt.

85__Drei-Länder-Camp Lörrach

Zu Fuß zu den Nachbarländern

Guten Tag, Grüezi und Bonjour! Auf diesem Campingplatz befinden wir uns nahe einem Dreiländereck, was zunächst einmal nichts Ungewöhnliches ist. Doch das Dreiländereck bei Lörrach unterscheidet sich durchaus von dem Dreiländereck bei Tschechien und Österreich. Denn Lörrach hat, rein politisch betrachtet, keinen Anteil am hiesigen Dreiländereck von Frankreich, Deutschland und der Schweiz. Dieses Attribut darf sich die Nachbarstadt Weil am Rhein auf die Fahnen schreiben. Doch Weil am Rhein hat keinen Campingplatz, weshalb sich der nächstgelegene Platz auf deutscher Seite eben in Lörrach befindet.

Außerdem kann man das Dreiländereck nicht übers Land, sondern höchstens schwimmend erreichen, wovon aber abgeraten wird. Das Dreiländereck befindet sich mitten im Wasser des Rheins. Eine symbolhafte Markierung für das Dreiländereck gibt es rund 150 Meter entfernt am Schweizer Ufer des Flusses. Und zu guter Letzt ist die nähere Umgebung des Dreiländerecks nicht von Natur geprägt, sondern von drei Ortschaften, die man allesamt zu Fuß oder mit dem Fahrrad ab dem Campingplatz erkunden kann. Auf deutscher Seite, wie schon erwähnt, befindet sich gleich neben Lörrach Weil am Rhein. Östlich davon betritt man das französische Huningue, wo sich übrigens ein sehr kleiner und einfacher Campingplatz direkt am Ufer des Rheins nur 400 Meter vom Dreiländereck entfernt befindet. Und im dritten Land, der Schweiz, wartet die Altstadt von Basel darauf, erkundet zu werden.

Zu tun und zu sehen gibt es also rund um das Drei-Länder-Camp Lörrach mehr als genug. Gleiches gilt aber auch für den Campingplatz selber, der am Rande des Grüttparks liegt. Dieser wiederum entstand 1983 infolge der damaligen Landesgartenschau. Nicht weit entfernt lädt das Freibad Parkschwimmbad zur sommerlichen Abkühlung ein, und am Ufer der Wiese, so heißt der Fluss tatsächlich, kann man flanieren oder ausgiebig radeln.

Adresse Grüttweg 8, 79539 Lörrach, Tel. 07621/82588, www.dreilaendercamp.de, Koordinaten: 47.624753, 7.661621 | **Einkaufsmöglichkeiten** zwei Supermärkte zu Fuß erreichbar | **Besondere Angebote** Pizzeria | **Anfahrt** A 5 am Dreieck Weil am Rhein verlassen und auf die A 98 wechseln, nach einer kurzen Fahrt diese an der Ausfahrt Lörrach-Mitte verlassen und rechts auf die B 317 abbiegen, hinter dem Grüttpark-Stadion links zum Campingplatz abbiegen | **Saison** 15. März–31. Okt. | **Kurz und knapp** Großer Campingplatz mit allen üblichen Ausstattungsmerkmalen, moderne Sanitäreinrichtungen, die im Jahr 2017 renoviert wurden, S-Bahn-Station zur Erkundung der Umgebung und als Ausgangspunkt für Touren nach Frankreich und in die Schweiz fußläufig gut zu erreichen.

86 Camping Wirthshof

Kinderspaß am Bodensee

Wer in Richtung Bodensee aufbricht, will meist direkt am Ufer des Sees stehen und den Blick über das Wasser genießen. Vor Ort stellt man dann fest, dass die Parzellen wenig Freiraum lassen und man schon viel Glück mitbringen muss, um direkt in erster Reihe am Wasser zu parken. Warum dann nicht gleich etwas abseits bleiben und den Besuch des Bodensees mit einer kleinen Fahrradtour von wenigen Kilometern genießen? Und dafür steht man dann mit seinem Wohnmobil oder Wohnwagen am Ortsrand von Markdorf und hat freudestrahlende Kinder um sich herum.

Denn der Campingplatz Wirthshof bietet neben vielen anderen Einrichtungen besonders viele Spiel- und Freizeitmöglichkeiten. Hier gibt es Platz für Beachvolleyball, Fußball, Basketball und Tischtennis. Außerdem wird eine Minigolfanlage geboten sowie Pit-Pat. Letzteres ist eine Mischung aus Minigolf und Billard. Das heißt, man spielt an 18 Tischen und stößt mit dem Queue die Minigolfkugel über die Bahn ins Loch. Doch es gibt nicht nur diese Anlagen und die, ganz nebenbei erwähnten, drei Kinderspielplätze, sondern einen Indoorspielbereich, der mit Rutschen und Klettermöglichkeiten auch bei schlechtem Wetter keine Langeweile aufkommen lässt.

Und sollte man sich doch mal bei heißen Temperaturen ins Wasser wünschen, dann nutzt man eben das Freibad. Sportlich geht es auch im Gymnastikraum zu, in dem man sich in Yoga, Qigong, Nia, Tanz, Aerobic und herkömmlicher Gymnastik übt. Die Vielfalt des Platzes zieht sich aber auch durch den gastronomischen Bereich. Denn zusätzlich zum platzeigenen Restaurant mit Sonnenterrasse und einer umfangreichen Speisekarte gibt es einen Hofladen, in dem Brot, Milch, Grillwaren und vieles mehr angeboten wird. In der Sommersaison von April bis September wird zudem noch der Bauernmarkt veranstaltet, auf dem man Produkte frisch vom Feld kaufen kann. Es gibt also viel zu erleben – abseits des Bodensees.

Adresse Steibensteg 10, 88677 Markdorf, Tel. 07544/96270, www.wirthshof.de, Koordinaten: 47.714916, 9.409198 | Einkaufsmöglichkeiten Laden und Bauernmarkt am Platz | Besondere Angebote eigentlich alles, was man sich vorstellen kann … | Anfahrt zwischen Ravensburg und Meersdorf am Bodensee der B 33 bis Markdorf folgen, am östlichen Ortsausgang befindet sich die Zufahrt zum Campingplatz auf der Südseite der Bundesstraße | Saison ganzjährig | Kurz und knapp Sehr großer Campingplatz mit rund 360 Parzellen, davon rund 260 für Tagestouristen beziehungsweise Urlauber. Der Rest steht den Dauercampern zur Verfügung. Zahlreiche Einrichtungen und eine sehr gute Infrastruktur mit drei großen, gepflegten Sanitärgebäuden machen diesen Campingplatz zu einem beliebten Reiseziel.

87__Ravensburger Spieleland Feriendorf

Wohnmobilstellplatz für Kinder

Liebe Kinder, diese Seite ist extra nur für euch geschrieben. Eure Eltern müssen hier gar nicht mitlesen. Ihr könnt ihnen einfach sagen, dass sie bitte in die Straße Am Hangenwald nach Liebenau fahren sollen. Das befindet sich sehr weit im Süden Deutschlands, nur wenige Kilometer vor dem Bodensee. Dort gibt es nämlich das Feriendorf vom Ravensburger Spieleland. Dabei handelt es sich unter anderem um einen Wohnmobilstellplatz, auf dem 40 Wohnmobile Platz haben. Sollten eure Eltern fragen, ob es dort auch Strom und Wasser gibt, dann könnt ihr ruhig Ja sagen. Auch eine Toilette an der Rezeption kann genutzt werden, und im Sommer kann man sogar die Duschen im Badehaus benutzen.

Und wenn sie fragen, warum ihr gerne dorthin möchtet, dann sollen sie sich doch einfach überraschen lassen. Für euch sei es an dieser Stelle aber schon mal verraten: Ihr werdet dort Käpt'n Blaubär und Hein Blöd treffen. Außerdem lernt ihr auch die berühmte orangefarbene Maus aus der »Sendung mit der Maus« kennen. Denn das Ravensburger Spieleland ist ein Freizeitpark gleich neben dem Wohnmobilstellplatz. Es gibt mehrere Themenwelten – so nennen das die Erwachsenen –, die sich Entdeckerland oder Future World nennen. Ganz viele Attraktionen sind dort extra für euch gebaut worden. Ihr könnt zum Beispiel die Welt der Technik erkunden, auf einem Tierkarussell Platz nehmen, Gold waschen, einen Aussichtsturm erleben, mit Käpt'n Blaubär auf Abenteuerfahrt gehen oder die Zauberschule besuchen.

Es gibt sogar eine Schokoladenwerkstatt, in der ihr selbst Schokolade entwerfen dürft. Ganz sicher wird das auch euren Eltern gefallen. Schlagt es ihnen einfach vor, und sie werden bestimmt mit euch in das Ravensburger Spieleland fahren. Habt viel Spaß und verbringt eine schöne Zeit im Freizeitpark und auf dem Wohnmobilstellplatz. Grüßt schön die Maus, den Elefanten und natürlich Käpt'n Blaubär.

Adresse Am Hangenwald 1, 88074 Meckenbeuren / Liebenau, Tel. 07542/4000, www.spieleland.de, Koordinaten: 47.709826, 9.593430 | Einkaufsmöglichkeiten zehn Minuten mit dem Fahrrad entfernt | Anfahrt A 96 bis Wangen im Allgäu und weiter über die B 32 und B 467 nach Ravensburg beziehungsweise südlich der Stadt bis zum Meckenbeurener Ortsteil Liebenau | Saison auch außerhalb der Spieleland-Saison, bitte Homepage beachten | Kurz und knapp Wohnmobilstellplatz für 40 Mobile mit üblicher Grundausstattung wie Strom, Wasser und Entsorgungsmöglichkeiten sowie Toilettennutzung an der Rezeption. Der Platz gehört zum benachbarten Ravensburger Spieleland (Saison auf der Homepage beachten).

88 Hofgut Hopfenburg

Camping integrativ und umweltgerecht

Der Campingplatz vom Hofgut Hopfenburg ist außergewöhnlich und bietet so viele interessante Dinge, dass der Platz in diesem Buch kaum reichen würde. Es beginnt schon bei der Anfahrt, bei der man die zahlreichen Streuobstwiesen entdeckt, die sich rund um das Gelände ausbreiten. Sie sind bereits Teil des Hofguts und gehören zum Areal.

Innerhalb der Streuobstwiesen lernt man dann verschiedene Übernachtungsmöglichkeiten kennen. Da wäre zum einen das Tipi-Dorf, wo man übernachtet wie in einem Zelt der Sioux-Indianer. Gleich davor befinden sich auf einer weiten Wiese mehrere Schäfer- und Zirkuswagen verschiedenster Bauart. An anderer Stelle wird man auf Jurten aufmerksam, die in einem kirgisischen Biosphärenreservat von Nomadenfamilien hergestellt wurden und einen urig-rustikalen Schlafplatz bieten. Gleich daneben geht es auf Safari in Afrika. Zumindest versprechen das die dazugehörigen Safarizelte.

Wer mit seinem eigenen Reisemobil oder Wohnwagen anreist, findet selbstverständlich auch einen Platz auf dem Camping-Areal zwischen Rezeption und Safari-Zelten.

Doch das ist nicht alles, was das Hofgut bietet. Menschen mit einem Handicap werden hier integrativ zu hauswirtschaftlichen Helfern ausgebildet und als solche beschäftigt. Auch das Thema Nachhaltigkeit wird großgeschrieben. Dank der Nutzung von zwei eigenen Blockheizkraftwerken, Ökostrom und der Aufbereitung des Regenwassers durch Biotope kann sich das Hofgut zu Recht mit der besten Klimaeffizienzklasse brüsten.

Außerdem gibt es eine Festscheune, Seminarräume, eine Spielscheune für die kleinen Gäste und neben Waldschafen auch die beiden Esel Beppo und Robin, die zugleich als Maskottchen des Hofguts Hopfenburg fungieren. Bei ihnen handelt es sich um Poitou-Esel, die als die größten Esel der Welt gelten. Es gibt also viel zu entdecken, und einen Panoramablick hat man vom Campingplatz ganz nebenbei auch noch.

Adresse Hopfenburg 12, 72525 Münsingen, Tel. 07381/93119311, www.hofgut-hopfenburg.de, Koordinaten: 48.402964, 9.508384 | Einkaufsmöglichkeiten im Hofladen, Supermarkt einen Kilometer entfernt | Besondere Angebote Frühstück, auf Wunsch Rundumversorgung, Festscheune, diverse Mietunterkünfte | Anfahrt B 311 bis Ehingen an der Donau und über die B 465 weiter bis Münsingen, kurz vor dem Ort erscheint das Hofgut mit dem Campingplatz auf der linken Seite | Saison ganzjährig | Kurz und knapp Großräumige Anlage, die ungewöhnliches Übernachten mit Camping auf dem Bauernhof vereint. Der Platz zeichnet sich durch integrative Arbeit und Nachhaltigkeit aus. Neben dem eigentlichen Campingplatz gibt es auch Übernachtungsmöglichkeiten in Tipis, Safarizelten und Zirkuswagen.

89_Kraichgau Camping Wackerhof

Der vielleicht ehrlichste Campingplatz

Als Gast eines Campingplatzes wünscht man sich natürlich Transparenz, weil man wissen will, was einen vor Ort erwartet. Manchmal kann man schon froh sein, wenn man im Vorfeld etwas über die Ausstattung, oder den Preis erfährt.

Beim Aufenthalt auf dem Campingplatz Wackerhof im Kraichgau weiß man, was einen erwartet. Hier reicht ein Blick auf die Webseite des Platzes. Schon ist man bestens informiert, und das auf eine direkte, offene und überaus ehrliche Art. Es beginnt auf der Startseite, wenn eine Großveranstaltung in der Nähe dazu führt, dass der Campingplatz durch Straßensperrungen von der Außenwelt abgeschnitten ist. Das wird gleich auf der ersten Seite deutlich kommuniziert. Manch einer mag jetzt behaupten, dass das selbstverständlich ist. Aber es gibt Fälle, in denen so etwas nicht angekündigt wird, und dann steht man als Anreisender mitten in einer Großveranstaltung ohne Chance, den Platz zu erreichen.

Doch das ist noch nicht alles. Im Menüpunkt Informationen erscheinen die FAQs, in denen man in üblicher Frage- und Antwort-Manier fast alles über den Platz erfährt. Unter dem Punkt WLAN wird zum Beispiel verraten, dass man vor Ort »digital deutlich unterversorgt« sei und man daher kein WLAN anbieten könne. In diesem Zusammenhang wird gleich mit erwähnt, dass der Handyempfang zuweilen schwierig sein könne. Auch im Bereich der Barrierefreiheit wird nichts schöngeredet. Der Platz ist mit einem Rollstuhl schwierig zu befahren. Das ist sicher nicht das, was man lesen möchte. Aber es ist ehrlich. Punkt. Ob es Radwege gibt? Nein, und wegen der geografischen Lage ist es ohnehin nur geübten Radlern angeraten, auf den Drahtesel zu steigen. So viel Ehrlichkeit ist lobenswert und sollte mit einem Besuch belohnt werden. Denn der Platz ist definitiv schön. Auch das ist ehrlich gemeint.

Adresse Schindelberg 10, 76684 Östringen, Tel. 07259/361, www.wackerhof.de, Koordinaten: 49.200236, 8.760816 | **Einkaufsmöglichkeiten** 4,5 Kilometer entfernt | **Besondere Angebote** Gasflaschentausch, kleine Camperwerkstatt, kleine Bibliothek | **Anfahrt** A 6, Ausfahrt Sinsheim, weiter über die B 39 und B 292 in Richtung Östringen, dort weiter über die kleine Landstraße Richtung Odenheim, in einer Rechtskurve links abbiegen und an der Schindelbergkapelle vorbei zum Campingplatz | **Saison** März–Okt. | **Kurz und knapp** Die Gästeplätze befinden sich an einer malerischen, nicht öffentlichen Allee. Satellitenempfang kann daher an der Stelle schwierig werden. Neben Waschmaschine, Trockner und Sanitäreinrichtungen wird auch ein Brötchenservice angeboten.

90_Camping Schwarzwälder Hof

Groß und trotzdem urig

Fragt man Gäste, die die schönste Zeit des Jahres auf dem Schwarzwälder Hof verbracht haben, nach einem Attribut, das sie für ihren Urlaubsort verwenden möchten, dann hört man oft den Begriff »urig«. Und ja, genau das ist das Konzept des Schwarzwälder Hofs, der nicht nur aus einem gewöhnlichen Campingplatz besteht.

Der Blickfang auf dem parzellenförmig angelegten Areal ist das Hauptgebäude. Es gilt nach eigener Aussage als das größte Naturstammblockhaus in Deutschland, bestehend aus dem Holz heimischer Tannen. Diese Architektur zieht sich weiter über den gesamten Platz. Denn dort warten weitere Landhäuser im Blockhausstil, die zum Teil bis zu 16 Personen Platz bieten und einfach nur urig sind.

Wer nicht so viel Platz benötigt, kann auch in einem der beiden Baumhäuser übernachten, die in luftiger Höhe errichtet wurden und jeweils einem Pärchen zur Verfügung stehen. Überdachte Picknickplätze, natürlich aus Naturstammholz, runden den Bereich des Campingplatzes ab. Darüber hinaus kann man sich auch noch verwöhnen lassen. Die zum Schwarzwälder Hof gehörende Saunalandschaft inklusive Erlebnishallenbad, Panoramasauna, Finnischer Sauna, einer Duftsauna, Tropenregen, Ruheräumen und vielem mehr, deren Nutzung für eineinhalb Stunden im Preis enthalten ist, ist trotz ihrer Größe – Sie ahnen es schon – urig.

Grenzt der Campingbereich im Westen an das Ufer der kleinen Schutter, einen Nebenfluss der Kinzig, so befindet sich auf der östlichen Seite, abgetrennt durch eine Straße, noch der dazugehörige Wohnmobilstellplatz für Urlauber, die nur auf der Durchreise sind. Und falls einer der Mitreisenden nur den Führerschein Klasse B hat, aber auf Klasse B 96 erweitern möchte, um ebenfalls ein Gespann ziehen zu können, so kann er dies in einem Ein-Tages-Intensivkurs direkt am Platz machen. Einfach urig.

Adresse Tretenhofstraße 76, 77960 Seelbach, Tel. 07823/960950, www.campingplatz-schwarzwaelder-hof.de, Koordinaten: 48.300027, 7.944143 | Einkaufsmöglichkeiten Camperlädele | Besondere Angebote Freibad direkt nebenan | Anfahrt A 5, Ausfahrt 56 (Lahr), weiter über die B 415 durch Lahr nach Seelbach, dort rechts auf die Landstraße in Richtung Wittelbach. Der Platz befindet sich am Ortsausgang von Seelbach auf der rechten Seite (Wohnmobilstellplatz auf der linken Seite). | Saison ganzjährig | Kurz und knapp Campingplatz mit terrassenförmig angelegten Stellplätzen in ruhiger Lage des Schwarzwaldes und mit allem erdenklichen Komfort. Besonders erwähnenswert sind der außergewöhnlich große Saunabereich und die Architektur der Gebäude auf dem Platz. Sämtliche Bauwerke sind aus Naturstammholz errichtet, die nur mit Wasserdruck geschält und sonst nicht behandelt wurden.

91__Wohnmobilpark Sinsheim

Zwischen Tupolev und Concorde

Wenn bei einem Gespräch unter Wohnmobilisten der Name Concorde fällt, ist meistens die Herstellerfirma, die Reisemobile in Luxusausführung baut, gemeint. In Sinsheim kann das auch schon mal anders sein. Hier steht eine Concorde auf dem Dach und scheint optisch ein wenig die Tupolev zu bedrängen, die gleich davor eingeparkt wurde. Gemeint sind die beiden Überschallflugzeuge auf der Museumshalle des Technik Museums in Sinsheim, die ein nicht alltägliches Bild abgeben.

Das passt aber zu Sinsheim, denn der Ort ist ein bemerkenswertes Städtchen. Hier fällt weniger die Altstadt auf, sondern vielmehr das Gewerbe- und Freizeitgebiet, das einen großen Teil der Besiedlungsfläche einnimmt und sich nördlich der A 6 erstreckt. In erster Linie wären da natürlich die klassischen Einkaufsmöglichkeiten zu nennen, die vom Supermarkt bis zum Elektronikdiscounter reichen. Gleich daneben erstreckt sich das Messegelände von Sinsheim. Dass eine Ortschaft mit 35.000 Einwohnern eine Messe besitzt, ist allein schon erstaunlich genug. Gleich dahinter folgt das erwähnte Technik Museum mit den beiden genannten Flugzeugen.

Auf der anderen Seite der Autobahn lockt das Stadion des Fußballvereins TSG 1899 Hoffenheim, der zur Jahrhundertwende mit seinen kurz hintereinander stattfindenden Aufstiegen Furore machte und sich mittlerweile in der Bundesliga etabliert hat. Dahinter wiederum das Badeparadies, das mit der größten Sauna der Welt wirbt und 400 echte Südseepalmen beherbergt. Zwischen diesem riesigen Areal mit Freizeitmöglichkeiten und der Innenstadt von Sinsheim befindet sich der Wohnmobilstellplatz, natürlich gleich neben einem weiteren Freibad und nur wenige Meter vom Segelfluggelände entfernt. Wie gesagt, Sinsheim ist anders als andere Städte. Aber Platz für eine Concorde, dieses Mal das Wohnmobil, ist immer noch vorhanden.

Adresse 74889 Sinsheim, Tel. 07261/404302, www.womopark-sinsheim.de, Koordinaten: 49.249650, 8.879475 | **Einkaufsmöglichkeiten** 300 Meter bis zur Fußgängerzone | **Anfahrt** A 6, Ausfahrt Sinsheim (33a) oder Sinsheim-Süd (33b), von dort in Richtung Bahnhof und nach Unterquerung der Gleise rechts abbiegen | **Saison** ganzjährig | **Kurz und knapp** Wohnmobilstellplatz für 32 Reisemobile auf Rasengittersteinen, großzügig angelegte Ver- und Entsorgungsstation, WLAN, Strom und Sanitärgebäude vorhanden.

92 Camping Hochschwarzwald

Der höchstgelegene Campingplatz außerhalb der Alpen

Ist man auf der Suche nach dem höchstgelegenen Campingplatz in Deutschland, so wird man in Oberjoch bei Bad Hindelang (siehe Kapitel 96) fündig – und auch in diesem Buch, denn er wird bereits an anderer Stelle beschrieben. Sucht man jedoch nach dem Campingplatz, der außerhalb der Alpen am höchsten liegt, dann wird man sich zunächst einmal fragen müssen, welche Regionen denn in Betracht kämen. Der Harz? Das Erzgebirge? Der Bayerische Wald? Nein, es ist natürlich der Schwarzwald, genauer gesagt der Hochschwarzwald. Und genauso nennt sich der Campingplatz westlich des Feldbergs.

Der Feldberg ist mit seiner Höhe von 1.277 Metern bekanntlich der höchste Punkt Baden-Württembergs und ebenfalls der höchste Punkt Deutschlands außerhalb der Alpen. Rund sechseinhalb Kilometer westlich des Gipfels befindet sich der Campingplatz Hochschwarzwald, der damit der dem Feldberg am nächsten gelegene Campingplatz ist und den oben genannten Titel vermutlich zu Recht trägt. Die Konkurrenz rund um den Feldberg ist natürlich groß, doch keiner liegt so nahe und so hoch.

Ob Sommer oder Winter, der Platz bietet zu jeder Jahreszeit eine Übernachtungsmöglichkeit in malerischer Lage. Im Winter, wenn der Schnee liegt, spaziert man wenige Meter in Richtung Süden zum Skizentrum Muggenbrunn und kann dort ausreichend dem Wintersport frönen. Im Sommer hingegen lockt nördlich des Campingplatzes ein schöner Barfußpfad – der im Winter aus naheliegenden Gründen nur wenig Anklang findet.

Außerdem ist der Platz über diverse Wanderwege mit dem Feldberg verbunden. Nach erfolgreicher Wanderung lässt man dann bei einem Grillabend, gleich neben einem kristallklaren Bach, die Wanderung Revue passieren, oder man genießt einfach die zünftige Musik einer Trachtenkapelle, die schon mal auf dem Platz ihre Künste präsentiert.

Adresse Oberhäuserstraße 6, 79674 Todtnau, Tel. 07671/1288, www.camping-hochschwarzwald.de, Koordinaten: 47.863933, 7.916643 | Einkaufsmöglichkeiten Kiosk | Besondere Angebote Gaststätte | Anfahrt ab Freiburg über die B 31 bis Kirchzarten, dort auf die Landstraße in Richtung Todtnau wechseln und bis kurz vor Muggenbrunn fahren, wo sich der Campingplatz auf der rechten Seite befindet | Saison ganzjährig | Kurz und knapp Kleiner Campingplatz mit niederländischer Führung westlich des Feldbergs und in der Nähe der Todtnauer Wasserfälle, ideale Ausgangslage für Wanderungen im Hochschwarzwald und zum höchsten deutschen Berg außerhalb der Alpen.

93__Camping Schwabenmühle

Die Moderne im historischen Gewand

Der Campingplatz Schwabenmühle zwischen Bad Mergentheim und Rothenburg ob der Tauber fällt bei der Anreise sofort auf. Durch ein kleines Wohnviertel steuert man sein Gefährt auf die Grundmauern einer ehemaligen Mühle zu. Ein paar restaurierte Mauerreste ragen noch empor, aber sonst ist von der Mühle nicht viel geblieben. Gleich daneben, auf der rechten Seite, breitet sich ein Gebäude aus, das einst als Stall und Scheune der Schwabenmühle diente. Heute ist dort die topmoderne Rezeption untergebracht.

Etwas eigentümlich präsentiert sich das erst vor wenigen Jahren restaurierte Bauwerk. Über einem gläsernen Eingangsbereich, den man sich auch als Zugang zu einem modernen Bürogebäude in der Frankfurter Innenstadt vorstellen könnte, prangen die Buchstaben »Rezeption«. Gleich daneben breiten sich die historischen Steinwände aus, die auf der linken Seite zum Dach hin von Fachwerkstreben abgelöst werden. Oben auf dem Dach wiederum zeigen sich rund um den Schornstein alte Dachschindeln, während der restliche Bereich des Daches von Solarpanels belegt wird. Das gesamte Gebäude und seine jetzige Architektur sind ein gelungenes Wechselspiel von historischem Ambiente und moderner Technik des 21. Jahrhunderts.

Auch im Inneren geht es abwechslungsreich weiter. Gleich neben der Rezeption befindet sich nämlich der Sanitärbereich. Über den farbenfrohen Fliesen blitzt hin und wieder ein alter Holzbalken hervor, der an die Zeit erinnert, als das Gebäude noch als Stall genutzt wurde. Gleich hinter dem heutigen Rezeptionsgebäude geht es dann um die Ecke zu den großen Stellflächen für die Camper, zu einer Zeltwiese, einem Schlaffass und einem kleineren Wohnmobilstellplatz für Reisemobile auf der Durchreise. Hier hat man in den letzten Jahren einen wirklich liebevollen und modernen Platz eingerichtet.

Adresse Weikersheimer Straße 21, 97990 Weikersheim, Tel. 07934/992223, www.camping-schwabenmuehle.de, Koordinaten: 49.456083, 9.925968 | Einkaufsmöglichkeiten Kiosk | Besondere Angebote Bar, Café, Brötchenservice, Bücherei, Leseecke, Schlaffass | Anfahrt B 290 nach Bad Mergentheim und dort auf die kleinere Landstraße nach Weikersheim, im Ortsteil Laudenbach die Hauptstraße in einer Linkskurve verlassen | Saison circa April–Okt., bitte Homepage beachten | Kurz und knapp 70 großzügig angelegte Stellplätze mit Frischwasser, Abwasseranschluss und natürlich Strom. Außerdem gibt es einen kleineren Bereich, der als Wohnmobilstellplatz abgetrennt ist, ebenfalls mit Ver- und Entsorgung. WLAN, Waschmaschine, Spielplatz sind vorhanden.

94__Wohnmobilstellplatz Auerbach

Das Schlupfloch in der Oberpfalz

Nein, einen Wohnmobilstellplatz habe er ursprünglich eigentlich nicht geplant gehabt, sagt Gerhard Beyerlein. Ein Gast in seiner angrenzenden Gaststätte habe ihn darauf gebracht, dass man aus der Wiese hinterm Haus doch mehr machen könnte. Er habe sich die Idee angehört und sich zunächst nicht weiter drum gekümmert. Erst später, als er mal gelangweilt vor dem Computer saß, erinnerte er sich an die Worte seines Gastes. Nach einer kurzen Internetrecherche gab er seine Wiese kurzerhand in diverse Campingportale ein und wartete auf seine ersten Gäste. Und plötzlich kamen sie.

Doch es gibt Tage, an denen der Rasen leer ist. Dann steht Gerhard Beyerlein allein dort, blickt über die weiten Felder und schaut, ob sich ein Fahrzeug seinem Grundstück nähert. Um ihn zu erreichen, fährt man am Lohwiesenweiher vorbei. Abends spiegelt sich darin herrlich die untergehende Sonne und verlockt dazu, anzuhalten und Fotos von dem rot glühenden Himmel und der Spiegelung auf dem Wasser zu machen. Gerhard Beyerlein fragt sich dann, ob es den potenziellen Gästen nicht gefällt und ob sie wenden werden. Doch nichts da. Wer einmal hier ist, der fährt so schnell nicht wieder weg.

Nach der Ankunft auf der Wiese gibt es erst mal eine nette Begrüßung mit Handschlag. Danach wird angeboten, ein Essen in der Gaststätte Schlupfloch vorzubereiten. Gerhard Beyerlein ist gerne bereit, auch am späten Abend noch etwas in die Pfanne zu werfen. Wer Strom benötigt, bekommt eine Kabeltrommel ausgerollt. Und will man nicht seine eigene Toilette im Wohnmobil benutzen, dann lässt Gerhard Beyerlein die Tür der Gaststätte nachts geöffnet. Seine nächste Idee ist die Errichtung einer Dusche. Natürlich auch hinterm Haus, irgendwo zwischen Traktor und Stellplatz. So viel Gastfreundschaft erlebt man selten. Die Wiese hinter dem Schlupfloch muss man gesehen haben.

Adresse an der Gaststätte Schlupfloch, Hohe Tanne 4a, 91275 Auerbach in der Oberpfalz, www.schlupfloch-auerbach.de, Koordinaten: 49.669730, 11.610508 | **Einkaufsmöglichkeiten** Zentrum fußläufig erreichbar (3 Kilometer), Supermarkt 2,5 Kilometer | **Besondere Angebote** Brötchenservice, Wohnwagen erlaubt | **Anfahrt** A 9, Ausfahrt Pegnitz, über die B 470 nach Auerbach in der Oberpfalz, dort an der Ampelkreuzung rechts abbiegen und der Beschilderung folgen. Schöner ist jedoch die Anreise über den Ortsteil Welluck, gleich die nächste Straße hinter der Ampelkreuzung. Dann kommt man auch am Weiher vorbei. | **Saison** ganzjährig | **Kurz und knapp** Privat geführter Wohnmobilstellplatz an der Gaststätte Schlupfloch. Der Wirt bietet die leicht schräge Wiese (mit Schotter, teilweise schattig) hinter seinem Haus für bis zu 30 Wohnmobile an. Bei schlechtem Wetter sind es weniger Stellmöglichkeiten, besonders schwere Fahrzeuge sollten dann auf der nassen Wiese ein wenig aufpassen. Es gibt keinerlei klassische Ausstattung, sondern Strom per Kabeltrommel und Toiletten auf Wunsch in der Gaststätte.

95__Wohnmobilstellplatz Aufseß

Ohne Bier geht's niemals hier

Aufseß liegt in Oberfranken. Die Region ist berühmt dafür, dass ein Bier zum Essen dazugehört. Aber auch ohne eine Mahlzeit wird hier gerne getrunken. Bierfreunde sollten ihr Wohnmobil also unbedingt nach Aufseß lenken. Die Gemeinde befindet sich auf halber Strecke zwischen Bamberg und Bayreuth und zählt keine 1.300 Einwohner, ist daher durchaus überschaubar. Insofern ist es erstaunlich, dass in der Gemeinde, die aus zehn kleinen Dörfern besteht, gleich vier Brauereien existieren. Die Brauereien Reichold, Stadter, Aufsesser und Kathi Bräu sind allesamt nur wenige Kilometer voneinander entfernt und haben sich so einen Eintrag in das Guinnessbuch der Rekorde verdient.

Genauer gesagt ging der Titel an die Gemeinde Aufseß, die damit die höchste Brauereidichte der Welt für sich beanspruchen kann. Die vier Unternehmen nennen sich daher Weltrekordbrauereien. Und damit nicht genug. Sie haben einen Wanderweg ins Leben gerufen, der gerade einmal 14 Kilometer lang ist und alle vier Brauereien miteinander verbindet. Normalerweise würde man für die Strecke rund vier Stunden benötigen. Doch da man sich unterwegs in jedem Brauhaus einen Wanderpass abstempeln lassen kann und man das Lokal nicht ohne Biergenuss verlässt, kann es auch schon mal länger dauern. Als Belohnung darf man sich anschließend als »Fränkischer Ehrenbiertrinker der Weltmeisterbrauereien« bezeichnen.

Was das jetzt mit dem Thema Wohnmobilreisen zu tun hat? Nun, der Wohnmobilstellplatz Aufseß ist von privater Hand durch die Brauerei Reichold entstanden und befindet sich gleich neben dem dazugehörigen Brauereigasthof. So kann man sich seinen letzten Stempel nach getaner Wanderung gleich nebenan abholen, lecker speisen und gemütlich ein hauseigenes Bier genießen, bevor man die wenigen Schritte ins Wohnmobil zurücklegt. Prost und viel Spaß in Aufseß!

Adresse Hochstahl 24, 91347 Aufseß, Tel. 09204/271, www.brauerei-reichold.de, Koordinaten: 49.884241, 11.266303 | **Einkaufsmöglichkeiten** keine | **Besondere Angebote** Brötchenservice im Gasthof, Frühstücksbüfett, warme Küche 11 bis 21 Uhr, Getränkeautomat, Spielplatz | **Anfahrt** B 22 zwischen Bamberg und Bayreuth, in Hollfeld abbiegen und den kleineren Landstraßen in Richtung Aufseß folgen. Die Brauerei Reichold und der Stellplatz befinden sich im Ortsteil Hochstahl. | **Saison** ganzjährig | **Kurz und knapp** 38 Wohnmobilstellplätze (Schotterrasen und Rasenpflaster) am Rande des kleinen Dorfes mit weitem Blick über die angrenzenden Felder, Ver- und Entsorgung sowie Strom und Sanitäreinrichtungen sind vorhanden

96__Camping Bergheimat Oberjoch

Der höchstgelegene Campingplatz

Deutschlands höchster Punkt befindet sich auf 2.962 Metern und nennt sich bekanntlich Zugspitze. Die Campingplätze rundherum bei Grainau und Garmisch-Partenkirchen können sich aber nicht auf die Fahnen schreiben, dass es sich bei ihnen um die höchstgelegenen Plätze handelt. Denn das Zentrum von Grainau liegt gerade einmal auf einer Höhe von etwas unter 800 Metern. Deutlich weiter hoch geht es in Oberjoch, rund 50 Kilometer weiter westlich und ebenfalls sehr nahe an der deutsch-österreichischen Grenze gelegen.

Oberjoch ist eine der höchstgelegenen Siedlungen Deutschlands und ist ein Ortsteil von Bad Hindelang an der Touristenroute Deutsche Alpenstraße. Bad Hindelang und der dortige Wohnmobilstellplatz spielen höhentechnisch eher in einer Liga mit Grainau, aber der Ort ist durch die Jochstraße mit Oberjoch verbunden. Die Straße überwindet über 300 Höhenmeter mit zehn Kehren. Je nach Zählweise und Definition wird auch gerne mal behauptet, die Straße hätte über 100 Kurven und sei damit die kurvenreichste Straße Deutschlands. Offenbar wird dabei aber jeder noch so kleinste Schlenker, bei dem man das Lenkrad leicht bewegen muss, mitgezählt.

Auf einer Höhe von rund 1.200 Metern erreicht man schließlich den Campingplatz Bergheimat. Er liegt nur noch eineinhalb Kilometer vom Jochpass und damit von Österreich entfernt. Zwischen dem Campingplatz und dem Jochpass befinden sich der Sessellift Grenzwiesbahn, ein Parkplatz und zahlreiche Wiesen. Ein malerisches Idyll, sowohl im Sommer als auch im Winter. Besonders in der kalten Jahreszeit kommt der schneesichere Campingplatz voll zur Geltung. Denn dann sind zahlreiche Angebote wie die Bergbahnen, Lifte und ein Skibus im Übernachtungspreis enthalten. Doch auch im Sommer gibt es eine Vielzahl an Freizeitmöglichkeiten, die mit den Kosten des Campingplatzes abgedeckt sind.

Adresse Paßstraße 60, 87541 Bad Hindelang, Tel. 08324/7108, www.camping-bergheimat.de, Koordinaten: 47.518056, 10.421521 | **Einkaufsmöglichkeiten** 20 Minuten Fußweg zu einem kleinen Lebensmittelmarkt in Oberjoch | **Besondere Angebote** Wildnis-Werkstatt für die Kleinen in den Sommerferien | **Anfahrt** A 7, Ausfahrt 137 Oy-Mittelberg, dort weiter über die B 310 bis Oberjoch, im Kreisverkehr die 3. Ausfahrt nehmen und in Richtung Passübergang fahren. Wer die kurvenreiche Straße kennenlernen möchte, muss ab Sonthofen über Bad Hindelang auf der B 308 anreisen. | **Saison** ganzjährig | **Kurz und knapp** Der höchstgelegene Campingplatz Deutschlands hat auch verhältnismäßig hohe Preise. Doch ein detaillierter Blick auf die Preisliste verrät, dass zahlreiche Angebote inkludiert sind.

97__Wohnmobilstellplatz Thermenaue

Therme im Grünen

Es ist immer wieder schwierig, den richtigen Mittelweg zu finden, um einen Wohnmobilstellplatz anzulegen. Die Gäste möchten gerne ins Grüne und dort sowohl tagsüber als auch des Nachts Ruhe genießen. Gleichzeitig dürfen aber Sehenswürdigkeiten, Freizeitangebote und Einkehrmöglichkeiten nicht fehlen. Bestenfalls sollte eine attraktive Altstadt in der Nähe sein. Doch welche Innenstadt liegt schon im Grünen?

Bad Rodach, einer der nördlichsten Orte Bayerns, hat es in dieser Hinsicht gut vorgemacht. Der großzügig angelegte Stellplatz befindet sich außerhalb des Ortszentrums. Dieses ist dennoch nur einen Kilometer entfernt und zu Fuß oder mit dem Fahrrad gut erreichbar. Auf dem Weg dorthin kommt man sogar noch an einem großen Supermarkt vorbei, in dem man seine Vorräte auffüllen kann. Gleich gegenüber dem Stellplatz erstreckt sich auf der anderen Straßenseite ein weitläufiger Kurpark. Üblicherweise sind diese ja innerhalb des Kurortes. Dieser hier jedoch nicht. Er liegt in einer grünen Umgebung etwas außerhalb des Ortes. Lange Spaziergänge sind möglich, und Nordic-Walking-Routen laden zu flotteren Bewegungsabläufen ein.

Gleich daneben befindet sich die Therme von Bad Rodach. Passend zu ihrer Lage trägt sie den Namen »ThermeNatur«. Sie besticht mit einer umfangreichen Badelandschaft sowohl im Innen- als auch im Außenbereich. Mit Dampfbad, Strömungskanal, Aktiv-Schwimmbecken und einer Kneippanlage ist man hier bereits gut beschäftigt. Hinzu kommen aber noch die Massageanwendungen, die Solarien und die Saunawelt. Nicht zu vergessen die zahlreichen Veranstaltungen, wie zum Beispiel an jedem Vollmond der mit Musik untermalte Mondscheinabend, an dem unter anderem auch Aquafitness angeboten wird. Bewegung, Ruhe, Natur und Altstadtflair – Bad Rodach hat die Gratwanderung geschafft.

Adresse Thermalbadstraße 18, 96476 Bad Rodach, Tel. 09564/92320, www.therme-natur.de, Koordinaten: 50.334887, 10.767032 | **Einkaufsmöglichkeiten** fußläufig am Ortsrand von Bad Rodach | **Besondere Angebote** Brötchen- und Zeitungsservice | **Anfahrt** A 73 bis Coburg und weiter über kleine Landstraßen bis Bad Rodach oder von Thüringer Seite aus in Hildburghausen die B 89 verlassen und nach Bad Rodach | **Saison** ganzjährig | **Kurz und knapp** Großzügig angelegter Stellplatz für 70 Wohnmobile mit Sanitärbereich, Infopunkt sowie einer überdachten Terrasse. Strom ist selbstverständlich vorhanden. Eine Ver- und Entsorgungsstation befindet sich an der Zufahrt.

98 Reisemobilstellplatz Oberau

Die Bundesstraße mit der Nummer 999

Sie ist die wohl unnötigste Straße Deutschlands, denn sie verbindet eigentlich nichts. Aber sie ist die ungewöhnlichste Straße hierzulande und verläuft teilweise sogar durch Österreich. Die Rede ist von der Bundesstraße 999, der Rossfeldpanoramastraße. An ihrem Ende befindet sich sehr abgelegen ein kleiner Wohnmobilstellplatz mit Aussicht.

Wir befinden uns im Berchtesgadener Land, östlich der Ortschaft Berchtesgaden. Hier schaut man sich entweder das Salzbergwerk an, oder man besucht die Dokumentationsstätte Obersalzberg, die an das dunkelste Kapitel Deutschlands erinnert. Oder man zweigt einfach von der Bundesstraße 319 auf die Bundesstraße 999 ab. Die mautpflichtige Straße ist das ganze Jahr befahrbar und wird im Winter vom Schnee befreit. Diese Info ist wichtig, denn bei der Straße handelt es sich um die höchstgelegene Straße Deutschlands. Durch mehrere Serpentinen fährt man bis auf eine Höhe von 1.500 Metern hinauf. Höher kommt man in diesem Land nicht mit dem Womo. Einmal oben angekommen, fährt man auf einem schmalen Berggrat, und die Straße befindet sich mal auf deutschem und mal auf österreichischem Boden. Der Ausblick in das Salzburger Land ist atemberaubend.

Doch mit dem Fahrzeug gelangt man von dort oben nicht weiter nach Österreich hinein. Man muss wieder hinab in die deutschen Täler und biegt im kleinen Ortsteil Oberau links zum Stellplatz ab. Denn die Rossfeldpanoramastraße ist lediglich eine Ringstraße, die von der Bundesstraße 319 abzweigt, auf den Berggrat führt und nach 15 Kilometern im Tal wieder auf die B 319 trifft. 400 Parkplätze stehen zwischen den beiden Mautstellen zur Verfügung, von denen man einen tollen Ausblick genießen kann. Und als sehr einfacher Ausgangspunkt mit toller Aussicht und schlechtem Handyempfang bietet sich der Wohnmobilstellplatz an, der nur wenige hundert Meter von der B 999 entfernt ist.

Adresse Renothenweg 15, 83471 Berchtesgaden, Tel. 08652/3161, www.reisemobilstellplaetze-berchtesgaden.de, Koordinaten: 47.650317, 13.070386 | **Einkaufsmöglichkeiten** kleiner Lebensmittelladen in Oberau, sonst erst wieder im Tal | **Anfahrt** A 8 bis Bad Reichenhall und über die B 20 bis Berchtesgaden, dort auf die B 305 in Richtung Österreich wechseln und bei Unterau auf die Bundesstraße 319 bis Oberau | **Saison** ganzjährig | **Kurz und knapp** Kleiner, einfacher Stellplatz auf Schotter in sehr ruhiger Lage mit Strom, Ver- und Entsorgung und WC. Ein Teil der Plätze hat beste Aussichten über die Berglandschaft bei Berchtesgaden. Der Platz ist so abgelegen, dass man nur schlechten Handyempfang hat, ganz zu schweigen von Internet. Ruhe und Abgeschiedenheit sind hier also garantiert. Hunde erlaubt.

99 Camping Seehäusl am Chiemsee

Jetzt wird's eng

Wer jemals auf dem Campingplatz Seehäusl am Ostufer des Chiemsees übernachtet hat, der vergisst es nicht mehr. Alle anderen werden auf der Homepage des Campingplatzes gewarnt: Es besteht keine Wendemöglichkeit am Platz, und man kommt nicht mehr zurück. Man wird zwar nicht den Rest der Lebenszeit nun auf dem Campingplatz verbringen müssen. Aber wenn alle Plätze belegt sind, dann sollte man es tunlichst vermeiden, mit einem Wohnmobil oder Wohnanhänger auf den Platz zu fahren.

Vorn am Beginn des 500 Meter langen Zufahrtsweges wird darauf aufmerksam gemacht, wenn keine freien Plätze mehr vorhanden sind. Ist dies der Fall und man hat dennoch Fragen, dann sollte man besser zum Telefon greifen oder den Wagen stehen lassen und den halben Kilometer lieber zu Fuß zurücklegen.

Der Campingplatz ist knapp 90 mal 90 Meter groß. Auf dieser Fläche befinden sich 50 Stellplätze für Wohnwagen sowie Wohnmobile und auch noch das Rezeptionsgebäude inklusive Restaurant. Es wird also kuschelig, und man lernt auf dem Campingplatz unter Garantie seine Platznachbarn kennen – ob man das nun möchte oder nicht. Die Lage des Platzes macht aber einiges wett. Immerhin liegt der Campingplatz direkt am Ufer des Chiemsees und hat einen eigenen Bootssteg am hauseigenen Kiesstrand. Über den See hinweg blickt man auf die grandiose Kulisse der Alpen. Nur hat man diesen Blick eben nicht von jeder Parzelle aus, da schaut man eher auf den Frühstücksteller des Platznachbarn und kann ihn bitten, dass er mal die Butter rüberreicht – etwas überspitzt gesagt. Schnell ist man im Gespräch, und die eine oder andere Urlaubsbekanntschaft wurde bereits geschlossen. Und wenn man das alles vorher weiß, dann gibt es keinen Grund zum Klagen. Und in dieser Hinsicht macht der Camping Seehäusl alles richtig – er informiert vorab über gewisse Engstellen.

Adresse Beim Seehäusl 1, 83339 Chieming, Tel. 08664/303, www.camping-seehaeusl.de, Koordinaten: 47.902146, 12.519770 | Einkaufsmöglichkeiten Supermärkte in unmittelbarer Nähe | Besondere Angebote kostenlose Nutzung der Tretboote | Anfahrt A 8 zwischen Salzburg und Rosenheim, Ausfahrt 109 (Grabenstätt), dann auf der Landstraße nach Chieming, durch den Ort bis zum Ortsteil Stöttham, unbedingt die Informationstafel vor dem Campingplatz beachten | Saison April – Okt. | Kurz und knapp Enger Campingplatz für rund 50 Fahrzeuge mit modernen Sanitäreinrichtungen, Restaurant und allen üblichen Einrichtungen eines Campingplatzes, schöne Lage direkt am Ufer des Chiemsees mit Bootssteg und Kiesstrand, toller Blick auf die Alpenlandschaft.

100 Alpencamp am Wank

Wintercamping mit Zugspitzblick

Man fährt durch eine Wohnsiedlung, bevor man in die Wankbahnstraße einbiegt. Durch zwei Kurven führt sie hinauf auf einen großen Parkplatz, der zu einem Teil aus dem Wohnmobilstellplatz besteht. In den Sommermonaten kann es hier richtig eng werden. So eng, dass man unter Umständen sein Fahrzeug wendet und lieber weiterfährt. Aber die Lage ist natürlich toll.

Man steht am Rande der weltberühmten Alpenstadt Garmisch-Partenkirchen. 1936 fanden hier die Olympischen Winterspiele statt. Eine Neuauflage der Spiele war für das Jahr 2018 vorgesehen, wurde aber durch einen Bürgerentscheid abgelehnt. Die Alpine Skiweltmeisterschaft fand hier bereits zweimal statt, und nicht zu vergessen ist natürlich das alljährliche Neujahrsspringen der Vierschanzentournee. Kein Wunder also, dass der Stellplatz in Garmisch-Partenkirchen auch im Winter und vor allen Dingen zum Jahreswechsel gut besucht ist.

Um ins Ortszentrum zu gelangen, muss man sich allerdings auf einen fast zwei Kilometer langen Spaziergang einstellen. Bis zur legendären Olympiaschanze ist es noch ein gutes Stück weiter. Gleich dahinter folgt übrigens die enge Schlucht namens Partnachklamm. Prädikat sehenswert. Sie ist auch der Einstieg in das Reintal – einer der Wanderwege, die auf die Zugspitze führen.

Wandern kann man aber auch direkt ab dem Stellplatz. Denn nicht umsonst nennt er sich Alpencamp am Wank. Ohne besondere Schwierigkeiten kann man den fast 1.800 Meter hohen Wank über einen einfachen Wanderweg erklimmen. Der Einstieg ist direkt am Stellplatz. Und wer dem Wandern nicht zugetan ist, der benutzt einfach die Seilbahn. Die Talstation befindet sich gleich in dem Gebäude neben den Wohnmobilen. So kann sich eine schöne Bergwanderung ergeben, die mit einem Blick auf die Zugspitze belohnt wird und die man mit einer Seilbahnfahrt direkt zum Womo beendet.

Adresse Wankbahnstraße 2, 82467 Garmisch-Partenkirchen, Tel. 08821/9677805, www.alpencamp-gap.de, Koordinaten: 47.505706, 11.107976 | **Einkaufsmöglichkeiten** nur im Ort (zwei Kilometer Fußweg) | **Besondere Angebote** kostenloser Shuttlebus in die Ortsmitte und in die Skigebiete, Brötchen- und Zeitungsservice, Gasflaschentausch | **Anfahrt** A 95 südwärts bis zu ihrem Ende befahren, dort auf die B 2 wechseln und bei der Einfahrt nach Garmisch-Partenkirchen links halten in Richtung Wankbahn | **Saison** ganzjährig | **Kurz und knapp** Über 100 Stellflächen auf Asphalt. Baulich bedingt ist es vorgesehen, dass größere Wohnmobile oberhalb des Platzes stehen und kleinere Fahrzeuge auf einem Parkstreifen im unteren Bereich. Strom sowie Ver- und Entsorgung und ein Sanitärgebäude sind vorhanden. Außerdem werden WLAN, Waschmaschine und Trockner angeboten.

101 Camping Resort Zugspitze

Am höchsten Punkt Deutschlands

Noch näher am höchsten Punkt Deutschlands als auf diesem Campingplatz kann man im Wohnmobil oder im Zelt nicht übernachten. Okay, zugegeben: Wenn man auf den Bundesstraßen 23 und 187 nach Österreich fährt und dort den Campingplatz bei Ehrwald aufsucht, steht man ein wenig näher an der Zugspitze. Außerdem kann man dort direkt vom Wohnmobil in die Seilbahn steigen. Noch näher geht es wirklich nicht. Doch wir reden hier von den 111 schönsten Plätzen in Deutschland. Und zu diesen gehört wegen seiner Lage der Campingplatz Resort Zugspitze am Ortsrand von Grainau kurz vor Garmisch-Partenkirchen.

Er bietet den allerbesten Blick auf die Zugspitze, die mit ihren 2.962 Metern der höchste Berg Deutschlands ist. Nach der Anmeldung bei sehr freundlichen Mitarbeitern in der Rezeption fährt man in einen Kreisverkehr hinein und sucht sich einen schönen Platz aus, am besten in der Reihe auf der rechten Seite. Diese ist in Richtung Süden ausgerichtet und bietet die beste Aussicht. Exakt acht Kilometer Luftlinie ist man dann vom Gipfel entfernt. Einziger Nachteil: In den Nachmittagsstunden blickt man gegen das Licht und sieht den Berg daher nur von der schattigen Seite. Aber bei sonnigem Wetter sollte man sich sowieso lieber auf dem Berg aufhalten. Mit der im Jahr 2017 eröffneten neuen Seilbahn erreicht man die Zugspitze ab dem Eibsee westlich von Grainau innerhalb von zehn Minuten. Auf der Fahrt überwindet man fast 2.000 Höhenmeter, was weltweit den größten Höhenunterschied ausmacht. Auch ihre einzige Stütze hält einen Weltrekord – sie ist mit 127 Metern die höchste ihrer Art. Alternativ kann man den Berg natürlich zu Fuß erklimmen. Gute Kondition und Erfahrung vorausgesetzt, sind die Einstiegsmöglichkeiten in die verschiedenen Wanderwege ab dem Campingplatz gut zu erreichen. Auf geht's also zum höchsten Gipfel des Landes.

Adresse Griesener Straße 9, 82491 Grainau, Tel. 08821/9439115, www.perfect-camping.de, Koordinaten: 47.477661, 11.051815 | **Einkaufsmöglichkeiten** Discounter gleich neben dem Platz | **Besondere Angebote** fünf Sterne eben … | **Anfahrt** A 95 bis zu ihrem südlichen Ende und weiter über die B 2 und B 23 bis Grainau | **Saison** ganzjährig | **Kurz und knapp** Großer Campingplatz mit allem erdenklichen Komfort. Wer ohne Wohnmobil anreist, kann auch in einem der Schlaffässer unterkommen. Beim Wintercamping erhält man auf Wunsch sogar ein Privatbad direkt am Stellplatz.

102 Monte Camping

Campen am weißen Berg

Mit einer Reise nach Bayern verbindet man in der Regel den Aufenthalt in den Bergen. Um die Alpen zu erleben, muss man allerdings ganz in den Süden fahren. Etwas kleiner, aber immer noch sehr hoch sind die Gipfel im östlichen Bayerischen Wald. Doch Bayern als das größte der deutschen Bundesländer ist natürlich vielfältig und beherbergt auch viele flache Landesteile. Zwischen Weiden in der Oberpfalz und Amberg geht es zum Beispiel nur leicht hügelig zu. Ein Berg sticht dort aber besonders ins Auge, und gleich am Fuße dieses Berges befindet sich der gleichnamige Campingplatz. Die Rede ist vom Monte Kaolino, der eigentlich Teil eines Industriegebietes ist.

Denn bei diesem Berg handelt es sich um eine Halde, die es zwar nur auf eine Höhe von 120 Metern bringt, aber wegen der flachen Umgebung weit sichtbar ist. Dieser markant weiße Hügel entstand über einen langen Zeitraum durch Aufschüttung von Quarzsand, der beim Abbau von Kaolin als Abfallprodukt entstanden ist.

Schon Mitte des letzten Jahrhunderts erkannte man die vielfältigen Freizeitmöglichkeiten an diesem Berg, und man schuf am südlichen Fuße ein Freibad und einen Campingplatz. Gleichzeitig wurde eine Skistrecke eröffnet, auf der man auf dem Sand hinabgleiten kann. Im Laufe der Jahre entstanden weitere Möglichkeiten zur Freizeitgestaltung, als da wären ein Hochseilgarten, ein Adventure-Golf-Parcours und nicht zuletzt eine 800 Meter lange Sommerrodelbahn, auf der man vom Gipfel bis vor die Tore des Campingplatzes runterdüst.

Dieser ist daher ein idealer Ausgangspunkt für zahlreiche Sport- und Freizeitmöglichkeiten am, auf und um den Monte Kaolino herum. Er bietet Platz für Dauercamper und für Tagestouristen und ist, abgesehen vom weißen Berg, sonst fast komplett von Wald umgeben. Hier kann und sollte man also auch einfach mal abseits des Trubels am Berg Wanderungen und Spaziergänge unternehmen.

Adresse Wolfgang-Droßbach-Straße 114, 92242 Hirschau, Tel. 09622/81502, www.montekaolino-hirschau.de, Koordinaten: 49.530842, 11.966589 | Einkaufsmöglichkeiten mit dem Fahrrad in zehn Minuten in Hirschau | Besondere Angebote Mobilheime | Anfahrt A 93, Ausfahrt 27 (Wernberg-Köblitz), dann B 14 in Richtung Hirschau fahren, hinter den Kaolin-Werken links abbiegen und dem Weg zum Campingplatz folgen | Saison ganzjährig | Kurz und knapp Großer Campingplatz mit Standardausstattung. Ungewöhnlich ist die Lage an einem Industriegebiet, das hier aber zu einem großen Freizeitgelände umgestaltet wurde.

103__Camping Via Claudia

Hier macht der Toilettengang Spaß

Die sanitären Einrichtungen sind vielen Reisenden wichtig, aber in der Regel nicht das Hauptkriterium, weshalb man sich einen Campingplatz zum Übernachten aussucht. Da zählen vielmehr die Landschaft, die Lage und das Preis-Leistungs-Verhältnis. Doch ist man einmal vor Ort, wird der Sanitärbereich von den Campinggästen üblicherweise genau unter die Lupe genommen. Hygienisch und sauber muss er sein. Modern darf er gerne sein. Der Campingplatz Via Claudia erfüllt diese Vorgaben problemlos und setzt sogar noch einen obendrauf.

Denn vor wenigen Jahren wurde das Sanitärgebäude saniert. Weil man in diesem Zusammenhang die Fachpresse im Campingbereich informieren wollte und ein neues Sanitärgebäude nun grundsätzlich nichts Besonderes ist, ließ man sich etwas einfallen. Der Ehemann der Chefin, Dr. Ernst Weeber, hat von seinen Reisen durch die Welt zahlreiche Bilder von Toiletten mitgebracht. Vom baufälligen Holzverschlag bis zum nicht überdachten Plumpsklo mitten in der Wildnis ist da alles dabei.

Diese Bilder wurden zu einer Collage zusammengefügt und können seither unter dem Motto »Toiletten dieser Welt« im Durchgang zu den Campingplatz-WCs besichtigt werden. Im Rahmen der feierlichen Eröffnung gab es zudem einen eigens kreierten Klohaussong zu hören, und die Gäste wurden mit sogenannten Nonnenfürzle, einem typischen Schmalzgebäck aus der Region, verpflegt. Beim Anblick vieler der Aufnahmen freut man sich seither noch mehr, dass man auf dem Campingplatz Via Claudia untergekommen ist und hier nicht nur stets saubere, sondern auch moderne Sanitäreinrichtungen vorfindet.

Dazu gehören beispielsweise das Kinderwaschland inklusive Babywickelraum, die eigens für die Vierbeiner eingerichtete Hundedusche und fünf Privatbäder mit Waschbecken, Dusche und WC, die man bei einem Aufenthalt ab fünf Nächten zusätzlich dazubuchen kann.

Adresse Via Claudia 6, 86983 Lechbruck am See, Tel. 08862/8426, www.via-claudia-camping.de, Koordinaten: 47.710401, 10.816670 | **Einkaufsmöglichkeiten** Mini-Shop am Platz | **Besondere Angebote** Mietunterkünfte, Grillkotas … einfach alles. | **Anfahrt** A 96 nach Landsberg am Lech oder A 7 nach Füssen, in beiden Fällen folgt man der Bundesstraße 17 nach Steingaden, dort über die Landstraße nach Lechbruck am See und zum Campingplatz | **Saison** ganzjährig | **Kurz und knapp** Großer, moderner Campingplatz am Nordwestufer des Lechstausees Urspring. Großzügige Parzellen und sämtliche Versorgungseinrichtungen, die man sich auf einem Campingplatz wünscht, platzeigenes Restaurant. Im nördlichen Abschnitt gibt es noch einen abgeteilten und etwas günstigeren Wohnmobilstellplatz für den Kurzaufenthalt.

104_Wohnmobilstellplatz Karwendel

Für Eisenbahnfreunde

Wer den kleinen Reisemobilstellplatz in Mittenwald zum ersten Mal sieht, wird möglicherweise zunächst ein wenig stutzen. Er befindet sich direkt neben der Gleisanlage des Mittenwalder Bahnhofs. Die Fahrzeuge, die parallel zur Bahnanlage stehen, parken keine vier Meter vom Gleis entfernt. Doch dieses ist nur ein wenig genutztes Abstellgleis, das am Bahnhofsgebäude in einer Sackgasse endet. Die noch in Betrieb befindlichen Gleise liegen weitere acht Meter dahinter. Auch nicht besser, mag der eine oder andere Leser jetzt sagen.

Dennoch, die Züge fahren an dieser Stelle schon in Schleichfahrt in den Bahnhof ein. Und das auch nur elfmal am Tag und nachts sowieso nicht. Kein Grund also, diesen Stellplatz zu meiden. Ganz im Gegenteil, denn über die Bahngleise hinweg blickt man wunderbar auf die breite Felswand des Karwendelgebirges. Es markiert gleichzeitig die Grenze zwischen Deutschland und Österreich und lässt sich entweder mittels Wanderung oder mit der Karwendelbahn erreichen. Die Talstation ist nur 400 Meter entfernt und befindet sich auf der anderen Seite der Bahngleise und der Isar.

In etwa genauso weit weg ist das kleine Zentrum von Mittenwald. Mit einem kurzen Spaziergang am Bahnhofsgebäude vorbei erreicht man es in wenigen Augenblicken. Die zahlreichen Einkaufsmöglichkeiten in der Straße namens Obermarkt laden zum Flanieren ein. Aber ein besonderes Augenmerk sollte man auf die Hausfassaden richten. Denn Mittenwald ist natürlich berühmt für seine Lüftlmalereien. Mit dieser Art der Fassadenmalerei präsentieren sich die Gebäude in Mittenwald farbenprächtig und als besondere Kunstwerke. Das sollte man sich nicht entgehen lassen. Und wer dennoch Vorbehalte gegen den Platz am Bahnhof hat, kann den Naturcamping Isarhorn außerhalb von Mittenwald aufsuchen. Direkt an der Isar gelegen, wird er von derselben Familie bewirtschaftet wie der Stellplatz.

Adresse Albert-Schott-Straße 35, 82481 Mittenwald, Tel. 08823/5216, www.karwendelstellplatz.de, Koordinaten: 47.437566, 11.264025 | **Einkaufsmöglichkeiten** Fußgängerzone zu Fuß in fünf Minuten erreichbar | **Anfahrt** B 11 ab Kochel am See oder über die B 2 ab Garmisch-Partenkirchen, einfach in Richtung Bahnhof halten | **Saison** ganzjährig | **Kurz und knapp** Kleiner und einfacher Stellplatz für fast 30 Fahrzeuge im Ortskern von Mittenwald. Strom sowie Ver- und Entsorgung sind gegeben. Die Stellflächen befinden sich hinter einer Schranke, die Bezahlung erfolgt mittels Parkscheinautomat.

105 Stellplatz und Campingplatz Neualbenreuth

Bäumchen wechsle dich

Mal eben zwischen Camping- und Wohnmobilstellplatz wechseln, obwohl diese räumlich getrennt sind und nicht direkt nebeneinanderliegen? Dass das funktioniert, wird im Erholungsort Neualbenreuth in der Oberpfalz bewiesen. Dort betreut die Familie Waidhas sowohl den Campingplatz Platzermühle als auch den Wohnmobilstellplatz Sibyllenbad. Beide Anlagen liegen gut zwei Kilometer Luftlinie beziehungsweise fünf Minuten Fahrweg auseinander, doch wenn es einem auf dem Stellplatz nicht mehr gefällt, kann man ganz ohne erneute Anmeldung auf den Campingplatz wechseln. Umgekehrt gilt das Gleiche. Familie Waidhas macht es möglich, dass man problemlos seinen Standort wechseln kann.

Der Grund hierfür kann sein, dass man sich vielleicht irgendwann an dem Schloss Ernestgrün sattgesehen hat. Das stolze Bauwerk stammt aus der Mitte des 19. Jahrhunderts und befindet sich in Sichtweite zum Campingplatz. Nun, dann wechselt man zum Reisemobilstellplatz. Dieser liegt nämlich wiederum im Kurpark mit Blick auf das Kurhotel und das dazugehörige Sibyllenbad. Hier ist man auch gleich viel näher an der Minigolfanlage. Spannend ist es zudem, die Straße zwischen Neualbenreuth und Hardeck zu überqueren. Denn dann wechselt man gleich das ganze Land und befindet sich plötzlich in Tschechien. Grenzüberschreitenden Wanderungen vom Oberpfälzer Wald in den Böhmerwald steht nichts im Wege.

Ist man der Meinung, in Neualbenreuth nun alles gesehen zu haben, dann sollte man das Fahrzeug wechseln. Denn mit dem Fahrrad ist man in rund einer Stunde entweder im Kurort Františkovy Lázně oder in Mariánské Lázně. Beide Kurorte befinden sich auf tschechischer Seite. Ein Aufenthalt auf dem Stellplatz oder dem Campingplatz in Neualbenreuth bringt also viel Abwechslung in den Urlaub.

Adresse Campingplatz Platzermühler, Platzermühle 2, 95698 Neualbenreuth, Tel. 09638/912200, www.camping-sibyllenbad.de, Koordinaten: 49.970728, 12.444765 (Campingplatz) und 49.982546, 12.424430 (Stellplatz) | Einkaufsmöglichkeiten zwischen Campingplatz und Wohnmobilstellplatz | Besondere Angebote Gasflaschentausch und Brötchenservice bis an die Tür | Anfahrt A 93 bei Mitterteich verlassen und über die B 299 bis Waldsassen, dort über kleinere Landstraßen weiter bis Neualbenreuth. Der Stellplatz befindet sich westlich von Neualbenreuth im Kurpark (Kurallee), während der Campingplatz weiter südlich liegt. | Saison ganzjährig | Kurz und knapp Die Stellflächen des Campingplatzes sind terrassenförmig angelegt. Der dazugehörige Reisemobilstellplatz befindet sich im Kurpark und bietet 21 Wohnmobilen Platz. Wohnwagengespanne sind dort nicht gestattet. Der Brötchenservice gilt auch am Stellplatz.

106 Knaus Campingpark Lackenhäuser

Unterwegs am südöstlichen Dreiländereck

Auf nach Österreich! Oder doch lieber nach Tschechien? Übernachtet wird aber dennoch in Deutschland. Der Knaus Campingpark Lackenhäuser in Neureichenau macht es möglich. Er ist so schön abgelegen am Pleckensteiner Wald. Die nächste Bundesstraße befindet sich in über 20 Kilometer Entfernung. Da ist der tschechische Nationalpark Šumava näher gelegen. Ganz zu schweigen von Österreich, denn der Campingplatz befindet sich direkt an der deutsch-österreichischen Grenze.

Hat man den Minigolfplatz an der Einfahrt passiert und auch das Restaurant sowie die Bäckerei hinter sich gelassen, dann geht es nach rechts in den östlichen Teil des Platzes. Hinter der letzten Reihe beginnt ein Wald, in dem sich ein kleiner See verbirgt, der über einen Fußweg vom Platz aus zu erreichen ist. Und direkt dahinter fließt der Gegenbach an der Grenze entlang. Von der letzten Parzelle bis zur Alpenrepublik sind es gerade einmal 100 Meter.

Von den Alpen gibt es hier natürlich keine Spur, dennoch befindet man sich immerhin auf 800 Metern Höhe. Und über diverse Wanderwege geht es sogar noch weiter hinauf. Durch den Wald überwindet man weitere 500 Höhenmeter, bis man schließlich am Dreiländereck von Deutschland, Österreich und Tschechien steht – gerade einmal zweieinhalb Kilometer vom Campingplatz entfernt. In einer traumhaft schönen Landschaft kann man hier die Aussicht in alle drei Länder genießen und, wie erwähnt, den tschechischen Nationalpark Böhmerwald besser kennen lernen. Folgt man der deutsch-tschechischen Grenze rund 700 Meter, gelangt man zum Steinernen Meer, das aus Tausenden von Felsbrocken besteht und ein beliebtes Fotomotiv ist. Der Campingplatz Lackenhäuser ist der einzige, der diese Landschaft fußläufig bieten kann. Also auf nach Österreich, Tschechien und Deutschland!

Adresse Lackenhäuser 127, 94089 Neureichenau, Tel. 08583/311, www.knauscamp.de, Koordinaten: 48.748775, 13.817052 | **Einkaufsmöglichkeiten** kleiner Supermarkt auf dem Platz | **Besondere Angebote** Restaurant, Imbiss, Kellerbar, Brötchenservice, parkeigene Kirche (!) | **Anfahrt** ab Passau über die B 12 bis zum Abzweig nach Waldkirchen, dort weiter über Landstraßen an Jandelsbrunn und Neureichenau vorbei | **Saison** ganzjährig | **Kurz und knapp** Großer, aber dennoch ruhiger Campingplatz mit Hallen- und Naturbad, Sauna und Kneipp-Anlage sowie einem Loipen-Einstieg im Winter.

107 Wohnmobilstellplatz Oberstdorf

Der südlichste Übernachtungsplatz

Das Haldenwanger Eck in den Alpen markiert den südlichsten Punkt Deutschlands. Gleich vier Campingplätze buhlen darum, diesem Extrempunkt am nächsten zu sein. Alle vier Plätze sind ausschließlich von Deutschland aus zu erreichen, doch sie eint, dass sie sich eben nicht in Deutschland befinden. Wer dort übernachtet, parkt sein Wohnmobil auf österreichischem Staatsgebiet, genauer gesagt im Kleinwalsertal. Dieses hat keine direkte Verkehrsverbindung zum Rest Österreichs, und es ist immer der Umweg durch Deutschland erforderlich. Trotz der Nähe zum südlichsten Punkt Deutschlands und der kuriosen politischen Situation gehören diese Campingplätze aber nicht hierher, da sie nicht der südlichste Übernachtungsplatz Deutschlands sein können.

Verlässt man das Kleinwalsertal, so befindet man sich in Oberstdorf. Nicht weit vom Illerursprung breiten sich auf beiden Seiten des Trettachs die Campingplätze Rubi-Camp und Camping Oberstdorf aus. Letzterer hat bei der Lage des südlichsten Campingplatzes Deutschlands die Nase geringfügig weiter vorn beziehungsweise südlicher. Nichtsdestotrotz fallen auch diese beiden Campingplätze aus, denn der südlichste Übernachtungsplatz für Wohnmobilisten in Deutschland liegt zwar ebenfalls am Ufer des Trettach-Baches, doch der hiesige Wohnmobilstellplatz befindet sich deutlich zentraler in Oberstdorf und damit näher am südlichsten Punkt.

Über 180 Wohnmobile finden das ganze Jahr über hier Platz. Wintercamping ist daher genauso möglich und besonders zwischen Weihnachten und Silvester äußerst beliebt, wenn gleich nebenan auf der Schattenbergschanze das erste Skispringen der Vierschanzentournee stattfindet. Und im Sommer kann man von hier zum Haldenwanger Eck wandern. Der südlichste Punkt Deutschlands ist immer noch stolze 17 Kilometer entfernt.

Adresse Hermann-von-Barth-Straße 9, 87561 Oberstdorf, Tel. 08322/180, www.wohnmobilstellplatz-oberstdorf.de, Koordinaten: 47.408079, 10.285906 | **Einkaufsmöglichkeiten** Lebensmittel gibt es direkt neben dem Platz, Zentrum gut zu Fuß erreichbar | **Anfahrt** A 7 bis Kempten und von dort weiter über die B 19 nach Oberstdorf | **Saison** ganzjährig | **Kurz und knapp** Großer, zentral gelegener Wohnmobilstellplatz für über 180 Reisemobile, die bei Vollbelegung aber mitunter dicht beieinanderstehen. Wunderbarer Blick auf das Nebelhorn und nur wenige Gehminuten bis zur Skischanze. Der Platz bietet alle notwendigen Einrichtungen, darunter eine Sanitäranlage, und ist auch auf Wintercamping ausgelegt.

108 Wohnmobilstellplatz Rothenburg ob der Tauber

Frohe Weihnachten – auch im Sommer

Der Wohnmobilstellplatz in der Kleinstadt Rothenburg ob der Tauber ist ein zweischneidiges Schwert. Man erreicht ihn sehr einfach über die Hauptverkehrsstraße. Biegt man an dieser ab, so steuert man geradewegs auf das kleine Sanitärgebäude zu und muss sich entschließen, ob man nach rechts oder nach links möchte.

Entscheidet man sich für den rechten Bereich, so findet man sich auf einem kleinen, nur für Wohnmobile zugelassenen Parkplatz wieder. Rund 20 Fahrzeuge können hier parken, stehen aber teilweise dicht beieinander. Dafür gibt es hier keinen Pkw-Verkehr. Biegt man jedoch links ab, findet man einen deutlich größeren Bereich vor. Allerdings ist dies ein gemischter Parkplatz, und besonders wenn gerade im benachbarten Filmpalast ein Blockbuster gezeigt wird, sind nur wenige Flächen frei. Nach der letzten Vorstellung und dem damit verbundenen Aufbruch der Kinobesucher wird es deutlich leerer und ruhiger.

In beiden Fällen hat das gesamte Areal des Wohnmobilstellplatzes einen wunderbaren Vorteil: Es liegt 150 Meter von der unbedingt sehenswerten Altstadt von Rothenburg ob der Tauber entfernt. Durch den südlichen Spitalturm gelangt man direkt in das beliebte Reiseziel, das sogar Besucher aus dem Fernen Osten anlockt. Alternativ kann man sich aber auch zunächst mit der immer noch gut erhaltenen Stadtmauer anfreunden und auf einer Länge von fast zwei Kilometern von der Mauer auf die pittoreske Altstadt blicken.

Anschließend taucht man in das Gewimmel rund um Rathaus und Marktplatz ein und lässt sich das gesamte Jahr über mit Rothenburger Schneeballen verwöhnen oder besichtigt das Deutsche Weihnachtsmuseum. Am schönsten ist der Besuch des Stellplatzes sowie der Ortschaft natürlich in der Adventszeit, wenn dann auch noch der Weihnachtsmarkt die Vorfreude auf das Weihnachtsfest vergrößert.

Adresse Nördlinger Straße 6, 91541 Rothenburg ob der Tauber, Koordinaten: 49.370436, 10.182864 | Einkaufsmöglichkeiten Zentrum zu Fuß erreichbar | Anfahrt A 7 zwischen Würzburg und Ulm, diese an der Ausfahrt 108 beziehungsweise Rothenburg ob der Tauber verlassen und geradewegs in den Ort hinein, an der ersten größeren Kreuzung links in die Schlachthofstraße und bis zur Ampelkreuzung hinter dem Filmpalast fahren, dort wieder nach links auf den Stellplatz | Saison ganzjährig | Kurz und knapp Einfacher Wohnmobilstellplatz, zum Teil auf einem öffentlichen Parkplatz. Ver- und Entsorgung sowie ein kleines Toilettenhäuschen befinden sich vor Ort. Strom ist ebenfalls vorhanden. Sehr gute Anbindung an die malerische Altstadt.

109 Camping Waldsee

Camping-Triathlon

Wallesau ist ein kleiner Ortsteil der Stadt Roth südlich von Nürnberg in Mittelfranken. Ein paar Gräber hinter der Dorfkirche, eine Handvoll Wohnhäuser und drum herum einige Felder bis zum Wald, der das gesamte Gebiet großflächig umgibt. Höhepunkt der überschaubaren Siedlung ist der Steiner Weiher. Dort befinden sich die Gaststätte Waldsee und der Campingplatz Waldsee. In die nächstgrößere Ortschaft kommt man nach nur wenigen Kilometern durch den Wald. Kurzum: Es ist absolut ruhig und ein friedliches Plätzchen Erde.

Doch einmal im Jahr ist Wallesau mitten im Geschehen eines Großereignisses. Nämlich dann, wenn im nördlich gelegenen Hauptort Roth die Triathlon-Challenge stattfindet. Schon seit den 1980er Jahren finden sich Sportler ein, um sich im Schwimmen, Radfahren und Laufen zu messen. 1987 war Roth Austragungsort der Europameisterschaft über die Mitteldistanz. Schon lange verläuft der Triathlon in Roth über die Ironman-Distanz. Das bedeutet, die Athleten schwimmen 3,8 Kilometer, steigen für 180 Kilometer in den Fahrradsattel und absolvieren zum Abschluss eine Laufstrecke von 42,195 Kilometern. Respekt an jeden, der das vollbringt. Der Steiner Weiher am Campingplatz ist definitiv zu klein für den nassen Teil des Triathlons. Doch die Fahrradstrecke verläuft durch Wallesau und damit nur einen Kilometer vom Campingplatz entfernt.

Der Start ist weiter östlich in Heuberg bei Hilpoltstein. Nach gut neun Kilometern biegen die Radler in Wallesau links ab und verschwinden kurz darauf wieder im Wald. Und weil es so schön war, werden die Sportler circa 93 Kilometer auf dem Tacho haben, wenn sie auf ihrem Rundkurs ein zweites Mal durch Wallesau fahren. Dieses Erlebnis sollte man sich nicht entgehen lassen, wenn man zwischendurch auch mal gemütlich am Wohnmobil im Liegestuhl sitzen kann. Übrigens: Heuberg hat einen Wohnmobilstellplatz direkt neben dem Schwimmbereich.

Adresse Badstraße 37, 91154 Roth-Wallesau, Tel. 09171/5570, www.camping-waldsee.de, Koordinaten: 49.187812, 11.123805 | **Einkaufsmöglichkeiten** circa fünf Kilometer entfernt in Eckersmühlen oder durch den Wald nach Hilpoltstein | **Besondere Angebote** Blockhütten, Mobilheime, Ferienwohnung, Bierautomat, Brötchenservice, Tretbootverleih, Waldsee-Stuben am Platz | **Anfahrt** A 9, Ausfahrt 55 (Allersberg) und am Kreisverkehr weiter in Richtung Hilpoltstein und Eckersmühlen, dort nach Roth-Wallesau | **Saison** ganzjährig | **Kurz und knapp** Sehr ruhiger Campingplatz in idyllischer Waldrandlage. Liebevoll gepflegt und mit direktem Zugang zum Steiner Weiher. Einmal im Jahr Anfang Juli ist der Platz fest in der Hand der Triathleten. Wer das erleben will, sollte früh buchen. Das Wettkampfwochenende ist immer ausgebucht.

110_ Campingplatz Grafenlehen

Der abgelegenste

Gar nicht leicht, den abgelegensten Campingplatz Deutschlands zu benennen. In einem Land mit einer Besiedlungsdichte von rund 230 Personen pro Quadratkilometer eine einsame Stelle zu finden scheint auf den ersten Blick unmöglich. Natürlich gibt es ruhige und abgeschiedene Orte. Allerdings nicht zwangsläufig an einer Grenze, wenn gleich hinter der Grenze eine schöne Stadt im Ausland besichtigt werden kann, so wie zum Beispiel in der einsamen Uckermark, wo sich auf polnischer Seite Stettin mit über 400.000 Einwohnern befindet. Abgelegen wäre daher ein Platz an der Küste oder auf einer Insel, doch davon gibt es viele. Der abgelegenste von ihnen ist ganz eindeutig der Campingplatz auf Helgoland. Doch hierbei handelt es sich um einen reinen Zeltplatz. Wohnmobile? Wohnwagengespanne? Wenn sie dort nicht sowieso verboten wären, könnte es mit der Anreise etwas schwierig werden – um es milde auszudrücken. Allerdings würde das dem Charakter eines abgelegenen Campingplatzes wunderbar entsprechen.

Doch bleiben wir auf dem Festland und reisen weit in den Süden. In einem der südlichsten Zipfel des Landes ist man mit dem Wohnmobil auf jeden Fall erwünscht. Sowohl im Westen als auch im Osten und Süden ist der Platz nur wenige Kilometer vom österreichischen Ausland entfernt. Einen Grenzübergang gibt es nicht. Denn es stehen so schöne Berge wie das Stadelhorn, das Große Teufelshorn und der Watzmann im Weg. Umgeben von den Berchtesgadener Alpen mit dem 2.941 Meter hohen Hochkönig als höchstem Gipfel, liegt der Campingplatz Grafenlehen nicht nur in traumhaft schöner Lage, sondern kann daher auch als der abgelegenste bezeichnet werden. Hinter ihm kommen nur noch ein Parkplatz, eine McDonald's-Filiale (vermutlich die abgelegenste in Deutschland) und der malerische Königssee. Ein Muss für jeden, der abgelegen übernachten möchte.

Adresse Königsseer Fußweg 71, 83471 Schönau am Königssee, Tel. 08652/6554488, www.camping-grafenlehen.de, Koordinaten: 47.595189, 12.986315 | **Einkaufsmöglichkeiten** kleiner Laden am Platz | **Besondere Angebote** Bistro, Gasflaschentausch | **Anfahrt** A 8, Ausfahrt Bad Reichenhall, von dort weiter auf der B 20 über Berchtesgaden nach Königssee | **Saison** ganzjährig | **Kurz und knapp** Idyllisch gelegener Campingplatz mit zahlreichen Ausflugsmöglichkeiten im angrenzenden Nationalpark Berchtesgadener Land und im Umfeld. Auch Wintercamping ist hier problemlos möglich.

111_Stellplatz Freistaat

Der Freistaat im Freistaat

Ein autobahnnaher und einfacher Schotterparkplatz, auf dem die Fahrzeuge teilweise recht eng beieinanderstehen. Außerdem keine nennenswerten Freizeitmöglichkeiten in der Natur. Das muss man mögen. Erleben kann man das im Freistaat im Freistaat Bayern. Bei einem Blick auf die Karte könnte man annehmen, das sei eine gute Lage, um die Landeshauptstadt München zu besuchen. In der Tat kann man sich auf das mitgeführte Motorrad setzen und das Stadtzentrum in weniger als 30 Kilometer erreichen. Doch trotz Stellplatzmangel in München soll der Freistaat Sulzemoos nicht als Alternative dienen.

Vielmehr ist dieser Stellplatz ein einfacher Übernachtungsplatz, um den Caravaning- und Reisemobilmarkt von Sulzemoos zu erleben. Alles, was in der Reisemobilszene Rang und Namen hat, ist hier vertreten. Es handelt sich um ein Eldorado für Wohnmobilisten und solche, die es werden wollen. Nach eigener Aussage ist es das größte Caravaning-Handelszentrum in ganz Europa. Die Zahlen sprechen für sich. 70.000 Quadratmeter stehen zur Verfügung, um alles rund um das Reisemobilleben zu erfahren. Hunderte Neufahrzeuge fast aller bekannten Marken stehen hier um das riesige Zentrum herum und können jederzeit besichtigt werden. Man fühlt sich wie auf einer großen Caravaningmesse.

Ist man derzeit nicht an einem Fahrzeug interessiert, dann lockt vielleicht der Zubchörbereich. Vom Zwölf-Volt-Zigarettenanzünder bis zur hochwertigen Regenjacke für den Outdoorbereich findet man jedes Freizeitprodukt rund um das Thema Wohnmobil- und Wohnwagenreise. Die Geschichte dieses Unternehmens begann bereits im Jahr 1978 in München. Doch der Standort wurde zu klein, sodass man sich Anfang des Jahrhunderts entschloss, an die A 8 zu ziehen. Dort stehen nun seither mehrere Fahrzeughändler, Wohnmobilvermieter und eben der Übernachtungsplatz zur Verfügung, um den Freistaat im Freistaat ausgiebig zu erforschen.

Adresse Ohmstraße 8–22, 85254 Sulzemoos, Tel. 08135/937100, www.derfreistaat.de, Koordinaten: 48.282194, 11.261180 | **Einkaufsmöglichkeiten** keine Lebensmittel, dafür sehr viel Campingzubehör und neue Fahrzeuge | **Besondere Angebote** Bistro | **Anfahrt** direkt an der A 8 gelegen, ungefähr auf halber Strecke zwischen Augsburg und München die Ausfahrt 77 benutzen | **Saison** ganzjährig | **Kurz und knapp** Einfacher Übernachtungsplatz mit Toilettenanlage in wenig idyllischer Lage und nah an der Autobahn (rund 250 Meter entfernt). Aber ideal, um die Einkaufsmöglichkeiten im Caravaningcenter zu erleben und sich über ein neues Wohnmobil zu informieren. 40 Stellflächen auf Schotter, Strom, Ver- und Entsorgung sind gegeben.

1
N
0
25 km
Nordsee
Helgoland
Ostfriesische Inseln
Flensbur
Kapp
Schleswig
Husum
Eckernförde
Eider
Heide
Rendsb
Neumüns
SCHLESWI
HOLSTEI
Cuxhaven
Itzehoe
Nor
st
Elmshorn
Norden
Jever
Aurich
Emden
Bremerhaven
Stade
Bremer-
vörde
Wilhelms-
haven
HAMBUR
Oldenburg
Bremen
Papenburg
Weser
Buchh
i.d.N.
NIEDERLANDE
Cloppenburg
Delmenhorst
Soltau
Ems
Meppen
Bassum
Verden
Vechta
NIEDERSACHSEN
Berge
Lingen (E.)
Diepholz
Nienburg (W.)
Steinhuder
Meer
Ce
Nordhorn
Osnabrück
Rheine
Minden
Hannover
Bad
Salzuflen
Herford
Hameln
Hildes-
heim
Münster
Bielefeld
Gütersloh
Bad Pyrmont
Bocholt
NORDRHEIN-
Gelsenkirchen
Paderborn
Höxter
Holzminden
Essen
Hamm
Moers
Bochum
Dortmund
Duderst
Duisburg
WESTFALEN
Göttinger
Ruhr
Brilon
Düsseldorf
Arnsberg
Hann. Münden
Neuss
Kassel
Lüdenscheid
Wuppertal
Leverkusen
Köln
Bergisch-
Gladbach
Eschwege
Siegen
Siegburg
Bad Hersfeld
Königswinter
Eiser
Aachen
Marburg
Bonn
Alsfeld
Dillenburg
Bad Neuenahr-
Ahrweiler
Rhein
Neuwied
Wetzlar
Giessen
Fulda
A1
A2
A3
A4
A5
A7
A23
A27
A28
A29
A30
A31
A43
A44
A45
A61
1
2
4
5
6
7
9
10
11
13
14
15
16
17
20
21
22
23
24
26
28
38
39
40
41
42
43
44
45
46
47
48
49
50
51
52
53
60

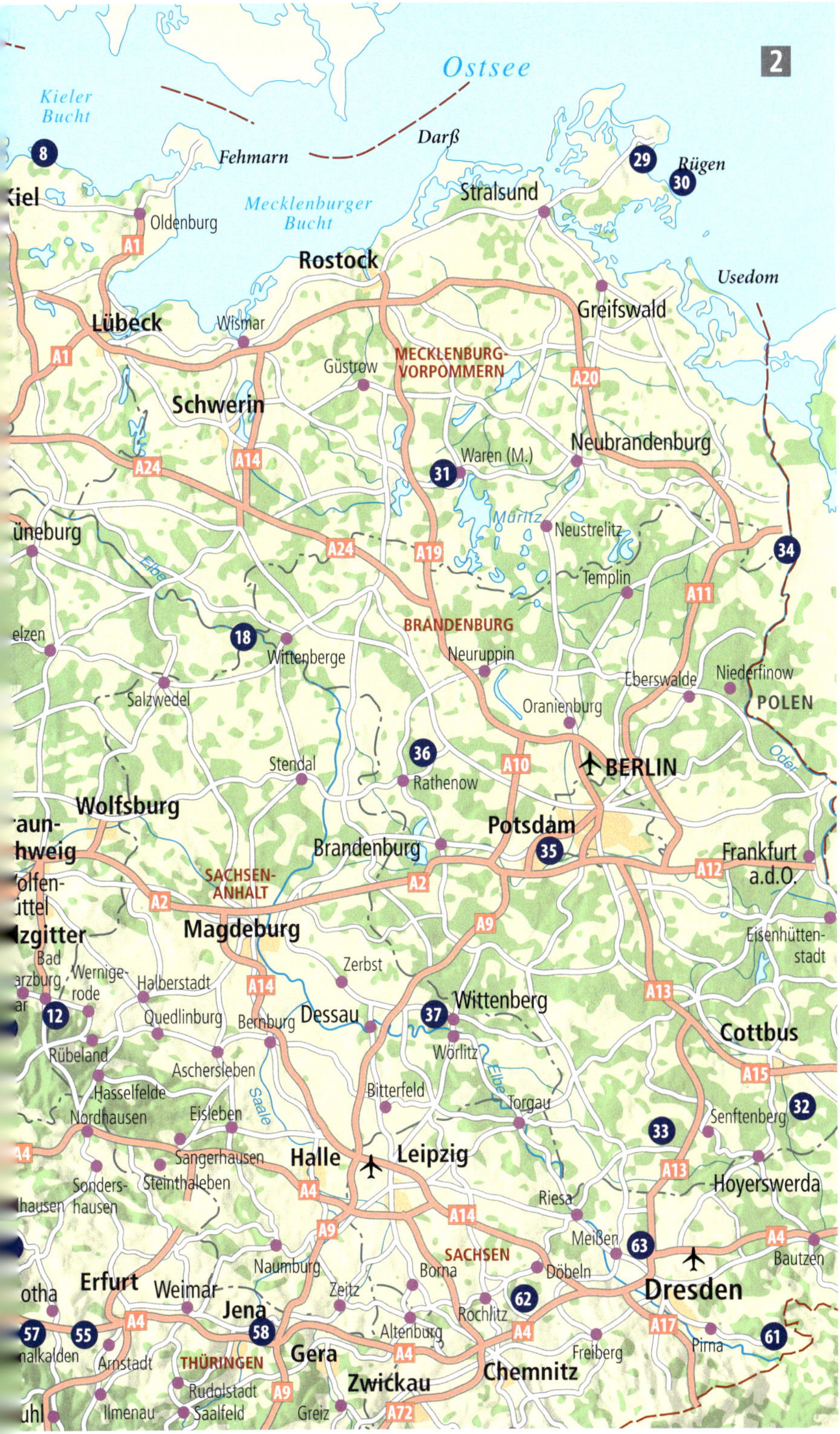
2
Ostsee
Kieler Bucht
Fehmarn
Darß
Rügen
Mecklenburger Bucht
Usedom
Kiel
Oldenburg
Stralsund
Rostock
Greifswald
Lübeck
Wismar
Güstrow
MECKLENBURG-VORPOMMERN
Schwerin
Neubrandenburg
Waren (M.)
Müritz
Neustrelitz
Lüneburg
Elbe
Templin
BRANDENBURG
Uelzen
Wittenberge
Neuruppin
Eberswalde
Niederfinow
POLEN
Salzwedel
Oranienburg
Oder
Stendal
Rathenow
BERLIN
Wolfsburg
Potsdam
Braunschweig
Brandenburg
Frankfurt a.d.O.
Wolfenbüttel
SACHSEN-ANHALT
Salzgitter
Magdeburg
Eisenhüttenstadt
Bad Harzburg
Wernigerode
Halberstadt
Zerbst
Wittenberg
Quedlinburg
Bernburg
Dessau
Cottbus
Rübeland
Wörlitz
Aschersleben
Hasselfelde
Bitterfeld
Saale
Torgau
Senftenberg
Nordhausen
Eisleben
Sangerhausen
Halle
Leipzig
Hoyerswerda
Sondershausen
Steinthaleben
Riesa
Meißen
Naumburg
SACHSEN
Borna
Döbeln
Erfurt
Weimar
Zeitz
Dresden
Gotha
Jena
Rochlitz
Bautzen
Altenburg
Schmalkalden
Arnstadt
THÜRINGEN
Gera
Freiberg
Pirna
Rudolstadt
Zwickau
Chemnitz
Ilmenau
Saalfeld
Greiz
Suhl
A1
A14
A24
A19
A20
A11
A10
A12
A2
A9
A13
A15
A4
A17
A72
8
12
18
29
30
31
32
33
34
35
36
37
55
57
58
61
62
63

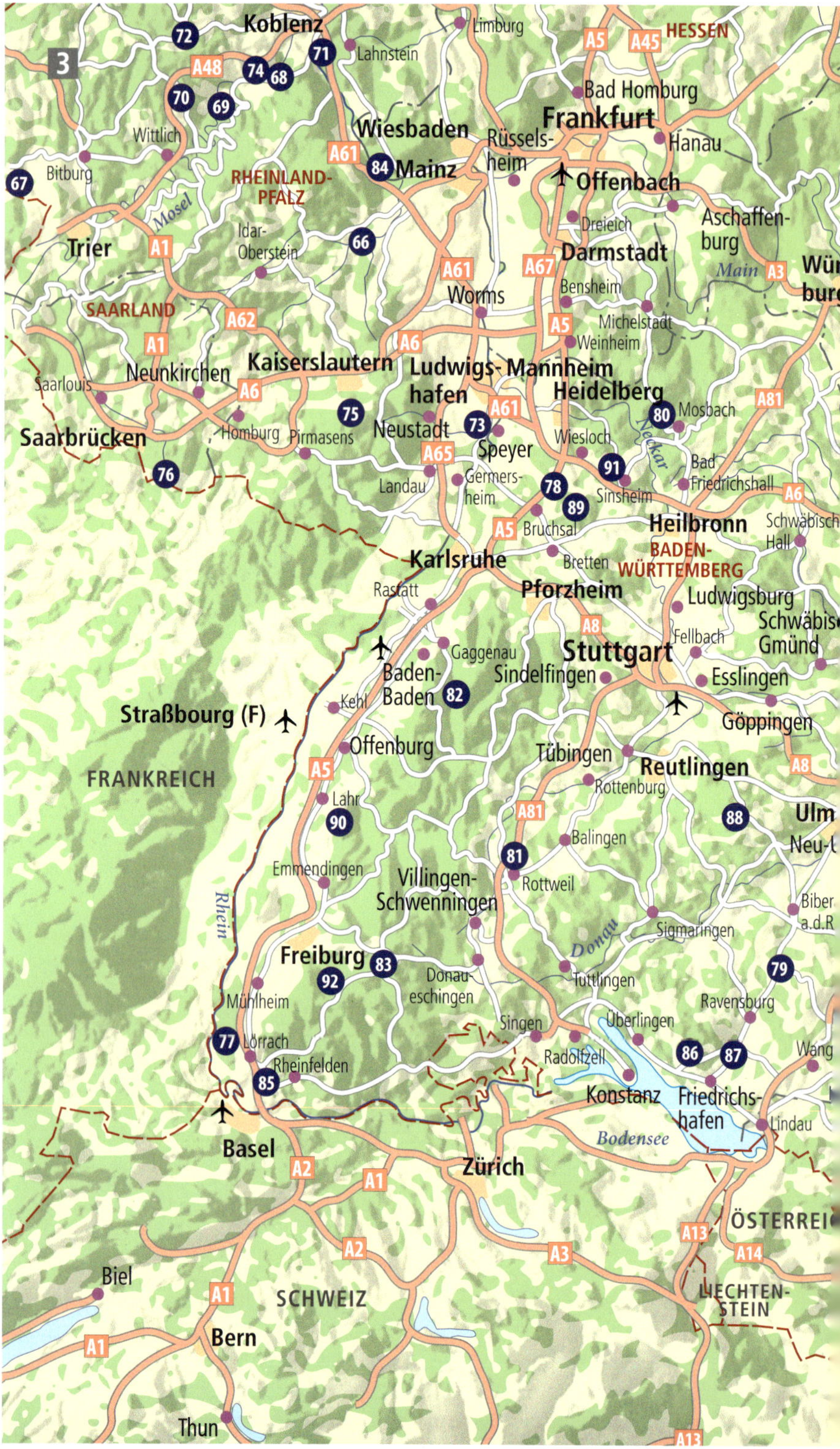
3
Koblenz
Limburg
HESSEN
Lahnstein
Bad Homburg
Frankfurt
Hanau
Wiesbaden
Rüssels-
heim
Mainz
Offenbach
Wittlich
Bitburg
RHEINLAND-
PFALZ
Mosel
Trier
Idar-
Oberstein
Dreieich
Aschaffen-
burg
Darmstadt
Main
Wür
burg
Worms
Bensheim
SAARLAND
Michelstadt
Weinheim
Kaiserslautern
Ludwigs-
hafen
Mannheim
Heidelberg
Saarlouis
Neunkirchen
Mosbach
Saarbrücken
Homburg
Pirmasens
Neustadt
Speyer
Wiesloch
Neckar
Bad
Friedrichshall
Landau
Germers-
heim
Sinsheim
Bruchsal
Heilbronn
Schwäbisch
Hall
Karlsruhe
Bretten
BADEN-
WÜRTTEMBERG
Rastatt
Pforzheim
Ludwigsburg
Fellbach
Schwäbis
Gmünd
Gaggenau
Stuttgart
Baden-
Baden
Sindelfingen
Esslingen
Kehl
Straßbourg (F)
Göppingen
Offenburg
Tübingen
Reutlingen
FRANKREICH
Rottenburg
Lahr
Ulm
Neu-
Balingen
Emmendingen
Villingen-
Schwenningen
Rottweil
Rhein
Biber
a.d.R
Donau
Sigmaringen
Freiburg
Donau-
eschingen
Tuttlingen
Mühlheim
Ravensburg
Überlingen
Singen
Lörrach
Radolfzell
Wang
Rheinfelden
Konstanz
Friedrichs-
hafen
Lindau
Bodensee
Basel
Zürich
ÖSTERREI
LIECHTEN-
STEIN
Biel
SCHWEIZ
Bern
Thun
A1
A2
A3
A5
A6
A8
A13
A14
A45
A48
A61
A62
A65
A67
A81
67
68
69
70
71
72
73
74
75
76
77
78
79
80
81
82
83
84
85
86
87
88
89
90
91
92

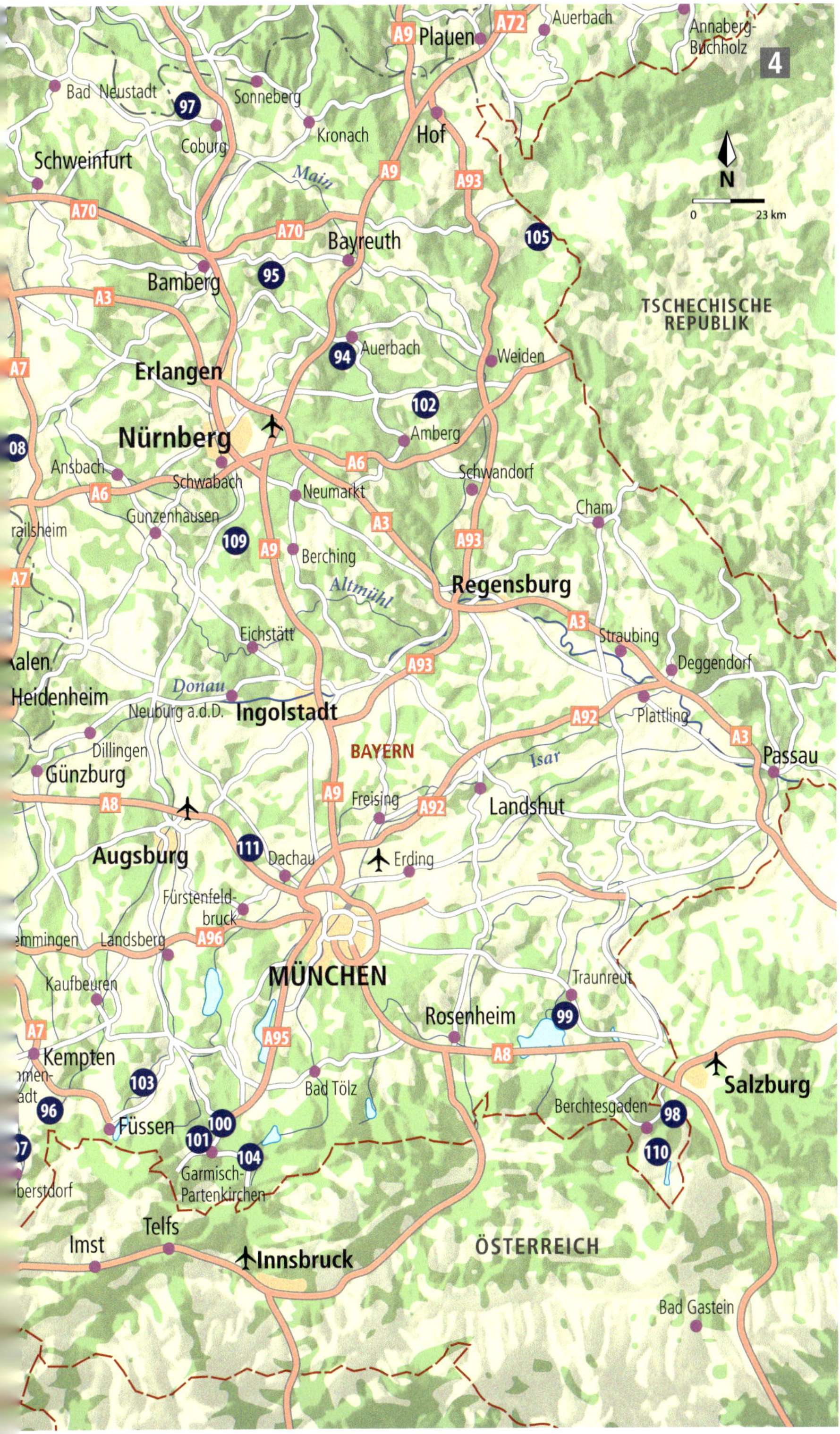

4
Plauen
Auerbach
Annaberg-Buchholz
Bad Neustadt
Sonneberg
Coburg
Kronach
Hof
Schweinfurt
Main
Bayreuth
Bamberg
Auerbach
Weiden
TSCHECHISCHE REPUBLIK
Erlangen
Nürnberg
Amberg
Ansbach
Schwabach
Neumarkt
Schwandorf
Gunzenhausen
Cham
Berching
Altmühl
Regensburg
Straubing
Eichstätt
Deggendorf
Donau
Heidenheim
Neuburg a.d.D.
Ingolstadt
Plattling
Dillingen
BAYERN
Isar
Passau
Günzburg
Freising
Landshut
Augsburg
Dachau
Erding
Fürstenfeld-bruck
Landsberg
MÜNCHEN
Kaufbeuren
Traunreut
Rosenheim
Kempten
Salzburg
Bad Tölz
Berchtesgaden
Füssen
Garmisch-Partenkirchen
Telfs
Imst
Innsbruck
ÖSTERREICH
Bad Gastein
0
23 km
N
A9
A72
A93
A70
A3
A7
A6
A8
A92
A96
A95
97
95
94
102
105
109
111
103
96
100
101
104
99
98
110

5
DÄNEMARK
3
Ostsee
1
2
Nordsee
SCHLESWIG-HOLSTEIN
MECKLENBURG-VORPOMMERN
HAMBURG
Bremen
NIEDERLANDE
NIEDERSACHSEN
POLEN
BERLIN
Hannover
NORDRHEIN-WESTFALEN
SACHSEN-ANHALT
BRANDENBURG
Duisburg
Essen
Dortmund
Düsseldorf
Dresden
Köln
SACHSEN
6
THÜRINGEN
HESSEN
3
Frankfurt
4
RHEINLAND-PFALZ
LUXEMBURG
TSCHECHISCHE REPUBLIK
SAARLAND
Nürnberg
BADEN-WÜRTTEMBERG
Stuttgart
106
FRANKREICH
BAYERN
MÜNCHEN
SCHWEIZ
ÖSTERREICH
Genf
N
ITALIEN
0
55 km

ichael Moll, Monika Barwinska
1 Orte im Thüringer Wald,
e man gesehen haben muss
BN 978-3-95451-515-8

Carsten Neß, Theo Haart
111 Tiere und Pflanzen an der Mosel, die man kennen muss
ISBN 978-3-7408-0563-0

Maria Teresa Carbone
111 Hunde, die man kennen muss
ISBN 978-3-7408-0477-0

onika Mansour
1 Pferde, die man
nnen muss
BN 978-3-7408-0444-2

Martin Schüller
111 Tipps und Tricks, wie man einen verdammt guten Krimi schreibt
ISBN 978-3-7408-0460-2

Klaudia Blasl
111 tödliche Pflanzen, die man kennen muss
ISBN 978-3-7408-0441-1

Mayer
Orte in Deutschland
echte Weingenießer
N 978-3-7408-0371-1

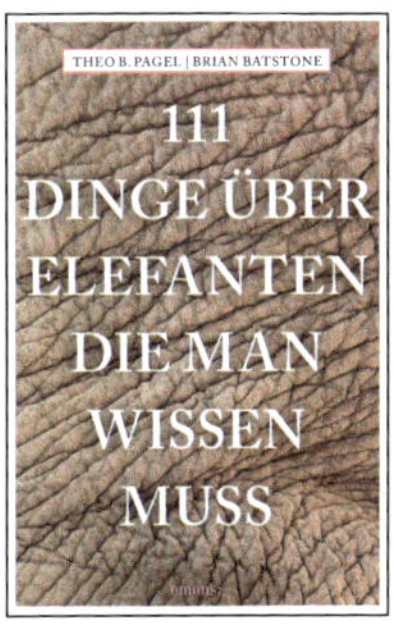

Theo Pagel, Brian Batstone
111 Dinge über Elefanten, die man wissen muss
ISBN 978-3-7408-0349-0

Sina Beerwald
22 Touren auf Sylt, die man gemacht haben muss
ISBN 978-3-7408-0350-6

Bernd Franco Hoffmann,
Anton Luhr
111 Eisenbahnorte im Rheinland, die man gesehen haben muss
ISBN 978-3-7408-0344-5

Oliver Buslau
111 Werke der klassischen Musik, die man kennen muss
ISBN 978-3-7408-0236-3

Christina Gruber, Gerhard Schmic
Thomas Schildmann
111 Drehorte berühmter Filme & Serien in Nordrhein-Westfalen
ISBN 978-3-95451-928-6

Olaf Jansen
111 Kölner Fußballorte, die man gesehen haben muss
ISBN 978-3-95451-850-0

Bernd Imgrund
111 Deutsche, die man kennen sollte
ISBN 978-3-95451-836-4

Elke Pistor
111 Katzen, die man kennen muss
ISBN 978-3-95451-830-2

Thomas Fuchs
111 deutsche Biere, die man getrunken haben muss
ISBN 978-3-95451-414-4

Oliver Schröter
111 Orte für echte Männer, die man gesehen haben muss
ISBN 978-3-95451-228-7

Bernd Imgrund
111 deutsche Wirtshäuser, die man gesehen haben muss
ISBN 978-3-95451-080-1

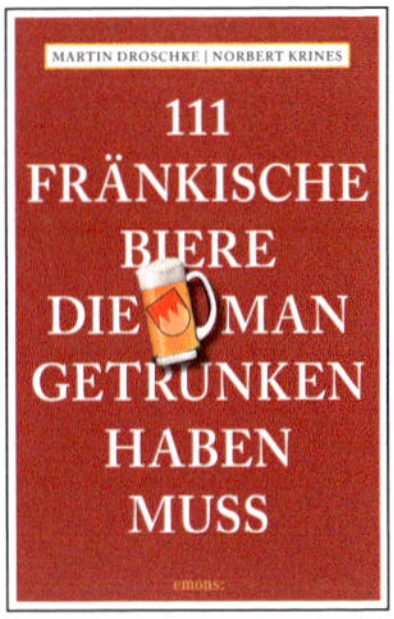

Martin Droschke, Norbert Krines
111 fränkische Biere, die man getrunken haben muss
ISBN 978-3-95451-922-4

Martin Droschke, Norbert Krines
111 deutsche Craft Biere, die man getrunken haben muss
ISBN 978-3-7408-0338-4

Carsten Sebastian Henn,
Tobias Fassbinder
111 deutsche Weine, die man getrunken haben muss
ISBN 978-3-95451-465-6

Gerd Wolfgang Sievers
111 Orte der Wiener Küche, die man erlebt haben muss
ISBN 978-3-95451-337-6

Bernd Imgrund,
Tobias Fassbinder
111 Whiskys, die man getrunken haben muss
ISBN 978-3-7408-0242-4

Jens Dreisbach,
Tobias Fassbinder
111 Gins, die man getrunken haben muss
ISBN 978-3-7408-0571-5

Lust auf mehr? Laden Sie sich die »LChoice«-App runter, scannen Sie den QR-Code und bestellen Sie weitere Bücher direkt in Ihrer Buchhandlung.

LChoice

Hier bestellen

Fotonachweis

Kapitel 4: Camping Mitte; Kapitel 11: Campingplatz Baasner; Kapitel 22 oben: Mobilcamping Holzminden; Kapitel 25: Südsee-Camp G. & P. Thiele OHG; Kapitel 26: Campingplatz Haus am Königsee; Kapitel 31: Camping Kamerun; Kapitel 32: Wohnmobilstellplatz Minipony-Ranch; Kapitel 35: Campingpark Sanssouci; Kapitel 36: Camping Buntspecht; Kapitel 38: Michael Stahl, WomoPark am Aasee; Kapitel 39, 109: Markus Danner; Kapitel 41: Ralf Perey; Kapitel 53: Wohnmobilpark Willingen; Kapitel 55: Camping Drei Gleichen; Kapitel 56: Landgasthof Probstei Zella; Kapitel 57: Rennsteig-Caravaning; Kapitel 58: Jena-Camping; Kapitel 63: Kulturlandschaft Moritzburg; Kapitel 64: Neiße Tours; Kapitel 67: Camping Altschmiede; Kapitel 68 oben: Katja S. Verhoeven, unten: Manfred Obersteiner; Kapitel 72: Robert Kah, Nürburgring; Kapitel 74: Camping Mosel Werbung; Kapitel 75: Michael »Raka« Weckerle; Kapitel 76: Womopark Saar; Kapitel 77: Campingpark Lug ins Land; Kapitel 79: Ernst Fesseler; Kapitel 80: Fortuna Camping; Kapitel 83: Camping Bankenhof; Kapitel 84: Suleika Camping; Kapitel 86: Camping Wirthshof; Kapitel 87: Ravensburger Spieleland; Kapitel 88: Hofgut Hopfenburg; Kapitel 89: Kraichgau Camping Wackerhof, Heiko P. Wacker; Kapitel 90: Spacamping Schwarzwälder Hof; Kapitel 93: Camping Schwabenmühle; Kapitel 97: Stadt Bad Rodach, Michaela Brehm; Kapitel 99: Campingplatz Seehäusl; Kapitel 102: Freizeitpark Monte Kaolino; Kapitel 103: Camping Via Claudia; Kapitel 105: Camping Sibyllenbad; Kapitel 107: Wohnmobilstellplatz Oberstdorf, Geiger-Gruppe; Kapitel 110 unten: Camping Grafenlehen

Der Autor

Michael Moll ist leidenschaftlicher Reisender, Autor von rund 70 Reiseführern und besitzt seinen eigenen Wohnmobilstellplatz in Nordkirchen. Wandernd, auf dem Fahrrad, mit der Kamera und im Wohnmobil ist er aber auch oft unterwegs und schaut sich auf anderen Plätzen um.

www.dieweltenbummler.de